Le culte de l'Internet

DU MÊME AUTEUR

Une histoire de l'informatique, La Découverte, Paris, 1987 (édition de poche : Seuil, coll. «Points sciences», Paris, 1990 ; prix 1988 du jury de l'Association française des informaticiens ; traduit en espagnol, grec, italien, portugais).

Les technosciences en question : éléments pour une archéologie du XXe siècle (en collaboration avec Frank Tinland et Alain-Marc Rieu), Champ-Vallon, Seyssel, 1989.

L'explosion de la communication, la naissance d'une nouvelle idéologie (en collaboration avec Serge Proulx), La Découverte, Paris, 1989 (édition de poche : La Découverte/poche, Paris, 1996 ; traduit en arabe, espagnol, portugais, russe, vietnamien).

La tribu informatique, Métailié, Paris, 1990 (grand prix de la littérature informatique 1991).

L'utopie de la communication, La Découverte, Paris, 1992 (édition de poche : La Découverte/poche, Paris, 1997 ; traduit en portugais).

À l'image de l'homme. Du Golem aux créatures virtuelles, Seuil, coll. «Science ouverte», Paris, 1995 (traduit en portugais).

L'argumentation dans la communication, La Découverte, coll. «Repères», Paris, 1996 (traduit en portugais).

La parole manipulée, La Découverte, Paris, 1998 (édition de poche : La Découverte/Poches, Paris, 1999 ; prix de philosophie morale et politique 1998 de l'Académie française des sciences morales et politiques ; traduit en portugais).

L'option informatique au lycée (en collaboration avec Éric Heilmann et Guislaine Dufour), Hachette classique, Paris, 1998.

Histoire des théories de l'argumentation (en collaboration avec Gilles Gauthier), La Découverte, coll. «Repères», Paris, 2000.

Philippe Breton

Le culte de l'Internet
Une menace pour le lien social ?

ÉDITIONS LA DÉCOUVERTE
9 *bis*, rue Abel-Hovelacque
PARIS XIIIe
2000

Catalogage Électre-Bibliographie

   Breton, Philippe
   Le culte de l'Internet : une menace pour le lien social ? – Paris : La Découverte,
   2000. – (Sur le vif)
   ISBN 2-7071-3302-7
   RAMEAU :   Internet : aspect social
   DEWEY :   384.2 : Communications. Télécommunications.
                        Télématique
   Public concerné : Tout public.

En application des articles L 122-10 à L 122-12 du Code de la propriété intellectuelle, toute reproduction à usage collectif par photocopie, intégralement ou partiellement, du présent ouvrage est interdite sans autorisation du Centre français d'exploitation du droit de copie (CFC, 20, rue des Grands-Augustins, 75006 Paris). Toute autre forme de reproduction, intégrale ou partielle, est également interdite sans autorisation de l'éditeur.
Si vous désirez être tenu régulièrement au courant de nos parutions, il vous suffit d'envoyer vos nom et adresse aux Éditions La Découverte, 9*bis* rue Abel-Hovelacque, 75013 Paris. Vous recevrez gratuitement notre bulletin trimestriel
À La Découverte.

© Éditions La Découverte et Syros, Paris, 2000.

Introduction

Internet – et tout ce qui lui est associé : le multimédia, les ordinateurs, l'informatique, l'information (au sens large) – est-il devenu l'objet d'un véritable culte ? À lire la presse, à entendre la radio et à regarder la télévision, à consulter les nombreux articles et ouvrages consacrés aux « nouvelles technologies de l'information », à la « société mondiale de l'information », et au « cyberespace », on peut effectivement se poser la question. Tout ce qui touche à l'Internet y est l'objet d'une valorisation sans précédent, sur le mode de la promesse, celle d'un monde meilleur.

L'expression « culte » peut s'entendre de deux manières. Au sens propre, le culte est associé à une démarche religieuse où il est à la fois l'hommage rendu à une divinité et l'ensemble des pratiques qui concrétisent cet hommage. Dans un sens métaphorique, le culte est la vénération, ou plus simplement le fort attachement, que l'on peut porter à quelque chose ou à quelqu'un.

Au début de cette enquête, l'emploi du terme « culte de l'Internet [1] » représentait une simple métaphore : la voie avait été ouverte, il y a quelques années, par un auteur américain, Theodor Roszak, qui l'avait utilisée pour décrire le « culte de l'information » dans le cadre des débuts de la micro-informatique [2]. Mais, progressivement, au fur et à mesure de l'avancée de notre travail,

---

[1]. Comme on le sait, le mot Internet est parfois accompagné d'un article (« l'Internet »). Cet usage est souvent le fait des authentiques pionniers du réseau mondial, mais aussi de certains de ceux qui, plus fraîchement convertis, veulent montrer par là qu'ils n'ignorent rien du caractère héroïque de sa naissance, et de la révolution qu'il représenterait pour l'humanité entière. Nous avons choisi dans ce livre de ne pas utiliser cet article de majesté, comme c'est le cas désormais de plus en plus souvent dans la presse écrite ou « en ligne ». Car à nos yeux, « Internet » est un nom commun (même s'il reste encore doté d'une majuscule), qui désigne un simple outil. C'est à dessein, en revanche, que nous avons utilisé l'article dans le titre de ce livre, pour bien rendre compte de la dimension religieuse qui baigne le discours des thuriféraires de l'Internet (sur les questions de vocabulaire, voir les analyses éclairantes et pleines d'humour d'Alain LE DIBERDER : *Histoire d'@. Abécédaire du cyber*, La Découverte, Paris, 2000).

[2]. Theodor ROSZAK, *The Cult of Information*, Pantheon Books, New York, 1986.

Le culte de l'Internet

la métaphore s'est rapprochée du sens propre : l'engouement pour Internet se déploie dans un climat qui apparaît véritablement comme celui d'une nouvelle religiosité. Celle-ci est de plus en plus nette au fur et à mesure qu'on se rapproche des milieux qui s'en font les plus ardents prosélytes.

L'idée qu'il pouvait y avoir, derrière les discours les plus radicaux tenus sur Internet, un phénomène d'ordre religieux, au sens propre, avait déjà été entrevue par plusieurs auteurs. Pierre Musso s'en approche, lorsqu'il tisse une généalogie d'Internet qui le fait remonter à la « philosophie des réseaux de Saint-Simon [3] », le célèbre ingénieur français du XIXe siècle, fondateur d'une « religion universelle de la communication », d'un « nouveau christianisme ».

Armand Mattelart évoque également cette question lorsqu'il parle de la dimension religieuse présente chez Marshall McLuhan, partisan du « village planétaire » et l'un des pères spirituels d'Internet [4]. Ignacio Ramonet, dans une analyse globale des phénomènes de communication, entrevoit un possible « messianisme médiatique » incluant les nouvelles technologies de l'information [5]. David Le Breton pose les premières pierres d'un chemin reliant l'ancien gnosticisme à la religiosité de la cyberculture [6]. Mark Dery, enfin, rappelle l'importance de la religiosité du « New Age » dans la cyberculture américaine [7]. Et d'autres encore, qui partagent cette précieuse intuition.

Mais il fallait pousser l'enquête plus loin, traquer la métaphore pour voir si le culte de l'Internet ne recouvrait pas une réalité anthropologique plus profonde, l'amorce, peut-être, d'une recomposition du sentiment religieux pour les décennies à venir. Nous avions déjà, il y a quelques années, proposé une approche anthropologique, à partir de données de terrain, de la « tribu informatique [8] ». Notre enquête actuelle se situe dans le prolongement de ce premier voyage dans le monde des nouvelles technologies et tente de cerner les croyances profondes

---

3. Pierre Musso, *Télécommunications et philosophie des réseaux. La postérité paradoxale de Saint-Simon*, PUF, Paris, 1997.

4. Armand Mattelart, *Histoire de l'utopie planétaire. De la cité prophétique à la société globale*, La Découverte, Paris, 1999.

5. Ignacio Ramonet, *La tyrannie de la communication*, Galilée, Paris, 1999.

6. David Le Breton, *L'adieu au corps*, Métailié, Paris, 1999.

7. Mark Dery, *Vitesse virtuelle. La cyberculture aujourd'hui*, Abbeville, Paris, 1997.

8. Philippe Breton, *La tribu informatique. Enquête sur une passion moderne*, Métailié, Paris, 1990.

tapies au cœur d'Internet, qui lui donnent finalement tout son sens.

World philosophie, l'ouvrage du philosophe Pierre Lévy sur ce sujet[9], aux accents profondément mystiques et prophétiques, constitue de ce point de vue un précieux guide pour nous introduire dans cette dimension inédite. S'il est souvent cité dans ce livre, c'est qu'il exprime, au sens fort, la dimension de religiosité latente qui parcourt les milieux d'Internet. Il convenait de lui donner toute sa place, en tant que théologien le plus engagé du « nouveau monde ».

Il a également été nécessaire – cela nous permet aussi de sortir des effets de mode et d'immédiateté qui caractérisent trop souvent les approches de ce milieu – de faire retour à l'histoire. Internet n'est pas né en un jour et il n'est, au bout de compte, que le vecteur d'un culte plus large, celui de l'information, né au sein des « visions » de la cybernétique des années quarante.

Cette religiosité n'est pas une religion. Le lecteur ne doit pas s'attendre ici à trouver un corps de doctrines qui aurait des allures familières pour ceux qui sont habitués aux arcanes des influences monothéistes. Les théologies rigoureuses et les systèmes symboliques complets auxquelles elles ont donné naissance depuis Moïse n'ont pas cours ici. Il y a bien rupture avec le monothéisme.

Cette nouvelle religiosité, qui n'est après tout qu'en formation, est plutôt une nébuleuse dont l'homogénéité n'est pas la principale caractéristique. Elle est diffuse car elle est une religiosité du diffus, de l'éclaté, du non-centré. Notre enquête n'en a été que plus difficile. Elle ouvre des pistes qui n'ont été ici qu'en partie balisées. Certaines sont peut-être des impasses ou des illusions de perception. Nous avons tenté malgré tout de dégager un noyau dur de croyances, portées par ceux que nous avons appelé les « fondamentalistes d'Internet ».

La nature même de cette religiosité, les emprunts et les appuis qu'elle trouve, dans des courants religieux anciens, comme le gnosticisme ou le puritanisme, ou d'importations plus récentes, en provenance notamment d'Extrême-Orient, comme le bouddhisme ou, en marge du religieux, comme le libéralisme, la dispensent d'émaner d'un « centre » sociologiquement clairement identifiable.

---

9. Pierre LÉVY, *World philosophie*, Odile Jacob, Paris, 2000.

Le culte de l'Internet

Quel est l'objet du culte ? Le point de départ est le partage d'une *vision* commune, qui s'est affinée et développée progressivement dans les milieux des nouvelles technologies et au-delà. Cette vision – au sens fort – est celle d'un monde idéal qui serait tout entier forme, comportement, information, message, communication, un monde fait d'éléments toujours en mouvement, en échange, en interaction. Ce culte est tout entier une pensée de la relation. Dans un tel monde, tout serait enfin pure communication. Tout y serait «flamme et tourbillon», comme le disait Norbert Wiener, fondateur de la cybernétique, plutôt que vile matière, esprit, plutôt que corps.

Il s'agit d'une mystique de la forme et du message, qui mobilise les mêmes ressources affectives que celles qui se mettent au service des religions constituées. Elle constitue peut-être la spiritualité du troisième millénaire. L'information y est la vraie valeur, la vraie nature des choses, ce qu'il faut regarder si l'on veut comprendre le réel.

Dans cette vision, lorsque le mouvement de l'information se ralentit, c'est que le Mal guette : l'entropie, la censure, les frontières, la clôture, la loi, l'intériorité, la matérialité, la centralité, l'individualité, le corps. Elle implique un impératif de communication permanente, la plus rapide possible.

La promesse de cette nouvelle vision est un monde meilleur, une nouvelle Jérusalem, tout entière conscience, esprit, virtualité. C'est aussi un homme meilleur, à la conscience élargie parce que fondue dans une conscience collective où le rejoignent les machines intelligentes. Pétri d'un désir de non-violence à la fois très oriental et résonnant fortement au cœur de la culture nord-américaine, Internet est aussi porteur de l'utopie d'une société pacifiée. Le prix à payer – nous l'analyserons longuement – est la séparation physique, la fin de la rencontre directe. Ces conditions, draconiennes, quasi monastiques, nourrissent l'idéal d'un nouveau lien social, tout entier virtuel, c'est-à-dire spirituel, où, pour être réunis dans une nouvelle communion, il faut d'abord se séparer les uns des autres.

Pour communier, il faut communiquer, et pour communiquer, il faut se séparer. Nous sommes là au cœur d'une nouvelle transcendance, qui n'est certes pas une croyance en Dieu (dans ce sens aussi, il ne s'agit effectivement pas d'un déisme) mais qui a, en revanche, une idée très précise du Mal et de la violence, dans un contexte où l'affaiblissement du monothéisme s'accompagne d'une mise en scène toujours plus dramatisée de cette double figure, comme le montre bien le sociologue français Denis Duclos[10].

L'influence de Teilhard de Chardin n'est pas loin, qui définissait la «noosphère» comme une «nappe d'énergie psychique» qui s'étend sur la Terre au fur et à mesure que l'homme en prend possession, et qui voyait le futur de l'humanité comme un nouveau «collectivisme».

Le culte s'organise alors autour de toutes les pratiques qui permettent d'activer les formes, de mettre en mouvement l'information, de promouvoir l'ouverture et la transparence, de favoriser toutes les occasions de communication. Par une curieuse inversion, le contenu de la communication devient secondaire, simple prétexte à l'activation des formes. «Il faut communiquer» est l'injonction majeure qui définit l'espace des nouveaux rites.

Internet est la véritable Église de ceux qui vénèrent l'information. Les réseaux, les ordinateurs, toutes les machines à communiquer deviennent autant de lieux privilégiés, quasi exclusifs, où se pratique ce nouveau culte. Ils rendent caduques les formes «anciennes», «archaïques» de communication, de médiation, de savoir, de loisir et, d'une façon générale, de contact avec les autres.

Le cultuel est toujours proche du culturel. Il s'ancre dans des pratiques où chaque geste est signifiant, où la distinction entre le sacré et le profane s'efface au profit d'une énergie du quotidien prise dans la totalité de la vie. Le culte de l'Internet implique un nouveau rapport au lien social. Il implique de vivre d'une certaine façon, où la communication ne cesse jamais. C'est au contraire quand elle culmine qu'un point d'exaltation, quasi mystique, peut enfin être atteint. La nouvelle religiosité suppose possible une ivresse de la communication.

Bien sûr, tous les internautes qui utilisent Internet pour ses fonctionnalités les plus évidentes, le courrier électronique par exemple, ne se reconnaîtront pas dans les propos des fondamentalistes d'Internet. Ces derniers n'en sont pas moins au centre du dispositif, quand ils n'en sont pas les créateurs. Leur influence est immense, car c'est eux actuellement qui donnent

---

10. Denis Duclos, *Le complexe du loup-garou. La fascination de la violence dans la culture américaine*, La Découverte, Paris, 1994 (édition de poche : Pocket, Paris, 1999).

Le culte de l'Internet

son sens et sa direction à un « macrosystème technique [11] » dont même les hommes politiques ne découvrent le déploiement qu'après coup.

La nouvelle religiosité qui entoure Internet s'est dotée ces derniers temps d'une vitrine publique avec le thème, très populaire dans certains milieux, de la « société mondiale de l'information ». Dans ce domaine, la nouvelle Église n'est pas séparée de l'État. Le véritable enjeu n'est-il pas là une question moins de technique que de symbolique, de politique et, concrètement, de lien social ? Voudrait-on nous imposer par ce biais, comme le pense Asdrad Torres, universitaire français collaborateur du *Monde diplomatique*, l'« utopie d'une société asociale », où le « cyberespace » resterait le seul support du lien social ?

Notre enquête ne se contente pas de dévoiler un noyau d'irradiation mystique mal connu. Elle met à jour également les points d'opposition et les antagonismes auxquels se heurtent les nouvelles croyances. Car la nouvelle religiosité n'est pas loin d'être considérée par certains comme une « hérésie » vis-à-vis à la fois de l'humanisme et du monothéisme, tant elle s'oppose, point par point, à ces deux piliers de nos « anciennes » cultures.

N'irions-nous pas vers une nouvelle forme, originale et inattendue, de « collectivisme » très normatif, lié aux contraintes universalisantes des méthodes informationnelles ? Ce collectivisme, sous la forme de la « reconnexion globale de l'espèce humaine avec elle-même [12] » appelée de ses vœux par Pierre Lévy, ne risque-t-il pas de se réaliser au prix d'une perte de tout ce qui relève du corps, de l'intériorité, de la mémoire, de l'expression, de la capacité à argumenter, de la communication directe, bref de l'essentiel de notre humanité ?

N'y a-t-il pas, avec les nouvelles technologies de l'information mises au service de la construction d'une nouvelle « tour de Babel », un risque nouveau, comme le craint Schmuel Trigano, de massification, où « l'homme perdrait son visage », son individualité [13] ? Le nouveau culte du virtuel ne signe-t-il pas cet

---

11. Sur cette notion, voir Alain Gras, *Grandeur et dépendance, sociologie des macrosystèmes techniques*, avec la participation de Sophie L. Poirot-Delpech, PUF, Paris, 1993.

12. Pierre Lévy, *World philosophie, op. cit.*, p. 20.

13. Schmuel Trigano, *Le monothéisme est un humanisme*, Odile Jacob, Paris, 2000.

Introduction

« adieu au corps », comme racine identitaire de l'homme, que David Le Breton décrit et dénonce avec force [14] ?

Nous verrons que nous sommes assez loin, c'est du moins le point de vue que nous défendrons, des promesses radieuses d'un monde meilleur pour tous. Le « tout-Internet », c'est-à-dire l'option qui consiste à développer Internet partout où cela est techniquement possible, comporte pour beaucoup des risques essentiels pour le lien social. Le pire étant sans doute que même si l'utopie d'une société mondiale de l'information ne se réalisait pas, une certaine forme de dévalorisation du lien social et de la personne humaine n'en aurait pas moins fait son chemin sur le plan qui gouverne le mieux nos destins, celui du symbolique.

L'image d'un homme sans intérieur, purgé de sa mémoire et de son intériorité qui constituent son individualité, ne risque-t-elle pas de s'imposer et de nourrir d'autres utopies, comme celle de la « santé parfaite » dont Lucien Sfez [15] dénonce la montée en puissance ?

D'où vient ce nouveau culte, quelles sont ses racines historiques, pourquoi rencontre-t-il apparemment un si grand succès, peut-on savoir s'il tiendra ses promesses ? N'y a-t-il pas là, si ce nouveau monde devait s'imposer, un risque majeur pour un lien social déjà très fragilisé ? La nouvelle « société mondiale de l'information » se réduirait-elle à un univers étroitement collectiviste, où les individus seraient au bout du compte condamnés à l'isolement ? Telles sont les questions que cet ouvrage pose, en sortant de la fausse alternative « pour ou contre Internet » et en donnant aussi la parole à ceux qui plaident, loin de tout fétichisme, pour un usage humaniste des techniques, en somme pour une *laïcisation* de la communication.

---

14. David Le Breton, *L'adieu au corps, op. cit.*
15. Lucien Sfez, *La santé parfaite*, Le Seuil, Paris, 1995.

1

Pour ou contre Internet : une fausse alternative

Malgré l'intense publicité que connaît Internet et l'extrême valorisation dont les nouvelles technologies de l'information sont aujourd'hui l'objet, le thème est encore loin de faire l'unanimité. Beaucoup de gens restent silencieux dans l'espace public, notamment ceux qui refusent par principe de répéter les innombrables lieux communs qui forment souvent la matière principale de ce que l'on entend à propos d'Internet. Ils n'en pensent pas moins.

On distinguera *grosso modo* trois positions : d'abord les militants du «tout-Internet», prosélytes, parfois sans le savoir, d'un nouveau culte, ensuite les technophobes, hostiles à toute technique, et enfin ceux qui pensent qu'un usage raisonné des techniques peut sous certaines conditions être facteur de progrès.

Les premiers ont évidemment la part belle et leur point de vue tend à devenir l'«idéologie dominante» dans ce domaine, c'est-à-dire le seul regard possible et légitime sur la question, au point qu'on n'imagine souvent pas qu'il puisse y en avoir un autre.

Les seconds sont plus nombreux qu'il n'y paraît. Ils opposent, par philosophie, ignorance ou simplement irritation, une sorte de résistance passive, souterraine mais efficace, à la diffusion des nouvelles technologies de l'information.

La troisième position, qui tente de faire une place mesurée à la technique, est encore largement en friche. Elle est formée le plus souvent d'expériences multiples qui ont du mal à s'unifier. Elle s'appuie sur des valeurs humanistes qui ont du mal à affirmer et dont certaines sont aujourd'hui en crise.

Le culte de l'Internet

Les partisans du tout-Internet

La première position est défendue par ceux qui déploient toute leur énergie pour développer Internet et tenter de l'appliquer à tous les aspects de notre vie privée, publique et professionnelle. Ce sont les prophètes du «tout-Internet». Ceux-là n'ont qu'une seule vision de l'avenir: un monde dont les nouvelles technologies de l'information seraient le nouveau centre, un centre envahissant, puisqu'il serait partout. Internet, dans ce milieu, est l'objet d'un véritable culte.

Comme le dit l'un d'entre eux avec enthousiasme, «l'histoire cosmique [...] est orientée, elle possède un sens nettement discernable, celui d'une intensification du caractère virtuel du monde. [...] Les frontières du monde deviennent plus perméables, malléables, interactives, elles bourgeonnent dans tous les sens. L'évolution cosmique et culturelle culmine aujourd'hui dans le monde virtuel du cyberespace[1]».

Ils n'hésitent pas à parler d'un «nouveau monde» qui s'opposerait à l'ancien, sommé de s'effacer. Ce monde virtuel, celui des réseaux, aussi nommé «cyberespace», en souvenir de son origine cybernétique, se substituerait progressivement à l'archaïque «monde réel». Mais la défense du «tout-Internet» peut se faire au nom de plusieurs sensibilités.

Au centre, on trouve ceux qui ont souvent un style de prophète et qui donnent le sens du mouvement. Ce sont souvent des intellectuels qui, dans la lignée de McLuhan, sont devenus des militants de la société de l'information, puis d'Internet. Leur position est imprégnée d'une certaine religiosité. On trouvera par exemple dans ce camp les Français Pierre Lévy et Philippe Quéau. C'est dans leurs rangs que l'on trouve les «fondamentalistes» d'Internet.

Le premier est l'auteur de nombreux ouvrages dont les accents mystiques sont de plus en plus marqués. Son influence dans le milieu d'Internet est importante. Son dernier livre, argumentaire passionnant en faveur d'une «World philosophie[2]», constitue une bonne synthèse de certaines croyances du milieu.

Le second s'appuie sur sa position comme directeur de la division informatique et information à l'Unesco pour tenter de convaincre les foules qu'«on n'a encore rien vu», qu'une «nouvelle révolution métaphysique» est en marche, où «le réel

---

1. Pierre LÉVY, *World philosophie, op. cit.*, p. 160.
2. *Ibid.*

devient intégralement langage », donc information, et où l'on va réussir à obtenir, grâce au cyberespace, une « identité parfaite de la carte et du territoire [3] ».

Ces deux auteurs cristallisent assez bien ce que l'on pense en général dans le milieu des nouvelles technologies de l'information, qui se vit souvent comme porteur de valeurs et d'une mission vis-à-vis du reste de l'humanité. Si tous les partisans enthousiastes d'Internet ne se sentent pas investis de telles visions prophétiques, elles constituent toutefois un arrière-plan philosophique accepté et revendiqué par beaucoup, sous des formes plus ou moins vulgarisées. Elles constituent la « pensée d'Internet ».

Beaucoup des partisans de ce nouveau culte sont de toute façon convaincus que les techniques sont par nature porteuses de progrès et que plus notre monde se confiera notamment aux nouvelles technologies de l'information, mieux il se portera. Beaucoup d'informaticiens soutiennent ce point de vue. L'Américain Nicholas Negroponte est ainsi l'auteur d'un essai à succès sur l'« homme numérique » où il défend l'idée que « l'informatique est un mode de vie » dont l'idéal est de pouvoir désormais « rencontrer son prochain dans des quartiers numériques [4] ». Robert Caillau, informaticien au CERN (Centre européen de recherches nucléaires) à Genève et l'un des principaux inventeurs du « Web », soutient lui aussi que « l'ordinateur n'est pas une machine » et qu'après la culture de la chasse et de la force physique, celle de l'agriculture et de la monnaie, vient le monde des réseaux et de l'information [5]. Bill Gates, le très médiatisé fondateur de Microsoft, ancien libertaire et nouveau libéral, défend lui aussi ardemment un monde où l'information absorberait toutes nos activités.

À côté des prophètes et des techniciens, on trouve tous ceux qui, pour une raison ou une autre, ont intérêt – ou croient avoir intérêt – au développement du « tout-Internet ». C'est le cas notamment des gourous de la « nouvelle économie » qui voient, dans le développement tous azimuts des réseaux, l'occasion de multiplier les profits ou même de bâtir des fortunes rapides.

---

3. Intervention de Philippe Quéau au colloque « De Gutenberg ao terceiro milénio », Universidad autonoma de Lisboa, 6-8 avril 2000.
4. Nicholas NEGROPONTE, L'homme numérique, Robert Laffont, Paris, 1995.
5. Intervention de Robert Caillau au colloque « De Gutenberg ao terceiro milénio », Universidad autonoma de Lisboa, 6-8 avril 2000.

C'est aussi le cas des hommes politiques, souvent entourés d'ardents conseillers en la matière, qui sentent là l'occasion de remplir un programme politique en jouant sur une vague jugée populaire à leurs yeux. On pense en particulier au vice-président américain Al Gore, ou à tous ceux qui sont tentés, comme Lionel Jospin en France, par une « société de l'information solidaire ».

Partout l'Internet peut être un formidable accélérateur de carrière. Qu'elles y croient ou pas, un certain nombre de personnes militent ardemment en faveur d'un bouleversement des valeurs de notre société et du passage rapide à une « société mondiale de l'information », quelles qu'en soient les conséquences, pourvu que cela serve leurs destins individuels. Combien auront fait ainsi une carrière rapide en s'étant portés volontaires, dans une entreprise ou une institution, pour développer le nouvel outil auquel personne ne comprenait rien ou vis-à-vis duquel on entretenait quelque méfiance ? Tous n'ont pas fait du mauvais travail, mais lorsque le pouvoir que l'on peut atteindre est proportionnel à la place que l'on réussit à faire admettre pour l'outil, la tentation est forte de se retrouver partisan du « tout-Internet ».

Prophètes, optimistes techniques ou tout simplement professionnels mus par l'intérêt, tous s'entendent et s'appuient mutuellement les uns les autres pour faire advenir une nouvelle « révolution », sans guère s'interroger sur les conséquences sociales et humaines d'une telle croyance. Les hommes du terrain trouveront la justification de leurs actions dans les écrits des « prophètes » de la société mondiale de l'information qui proclament la survenue d'un « nouveau monde ». Et ces derniers appuieront leurs propos sur de multiples exemples pris « sur le terrain ».

Les technophobes

Il est difficile aujourd'hui de s'opposer au déferlement de la vague technique et surtout des valeurs dominantes qui l'accompagnent. On aurait tort de croire toutefois qu'elles font l'unanimité. Ces valeurs, que nous analyserons plus loin longuement, suscitent de nombreuses résistances, même si elles ne sont pas homogènes. Il y a bien sûr un courant technophobe qui traverse nos sociétés. Pour certains, la technique a représenté très tôt l'équivalent du péché. Très souvent, cette opposition s'appuie sur des valeurs religieuses ou, du moins, une interprétation de ces valeurs.

Dès que le thème de la société technicienne de communication a été imaginé, notamment par le mathématicien américain Norbert Wiener, sur l'œuvre duquel nous reviendrons, des philosophes, tel le Français Jacques Ellul, très connu dans le monde du protestantisme et bien au-delà, ont engagé une critique radicale de la technique, notamment dans un ouvrage, *La technique ou l'enjeu du siècle*, publié pour la première fois en 1947 et dont le succès a été immédiat, en particulier aux États-Unis[6]. Jacques Ellul a depuis fait école et influencé de nombreux penseurs de la technique, dont le Français André Vitalis, qui a longtemps travaillé pour la CNIL (Commission nationale informatique et libertés).

À partir d'une réflexion sur le monothéisme, Schmuel Trigano s'oppose lui aussi au « monde unifié et unique, le "village global" qui se met en place à travers les circuits de l'information et de l'économie » qui « déstabilisent les cadres pratiques de l'identité humaine[7] ».

Moins fondamentalement, mais occupant toutefois une position de chevau-léger assez perturbant, des essayistes comme le Français Paul Virilio, très médiatisé dans le créneau de l'opposition radicale à Internet, mettent en garde contre les risques de « Tchernobyls informatiques » et contre une société qui irait de plus en plus vite « droit dans le mur[8] ».

Chacune à sa manière, ces positions nourrissent un débat nécessaire sur les enjeux sociaux des nouvelles technologies de l'information. Mais un autre courant technophobe existe, d'une sensibilité bien différente. Il est lié à l'ignorance et à la frustration, et concerne pour l'essentiel certains de ceux qui sont étrangers au monde des techniques. Ce courant renvoie souvent à l'inégalité des situations personnelles et professionnelles, dans une société où l'éducation aux techniques est encore moins généralisée que l'éducation tout court. À l'illettrisme très répandu jusqu'au cœur des sociétés les plus riches s'est en effet ajouté l'« illectronisme », source de frustrations, de rejets et d'hostilité.

On distinguera enfin les technophobes par réaction et par irritation devant le véritable culte rendu à Internet. N'imaginant

---

6. Jacques ELLUL, *La technique ou l'enjeu du siècle*, Armand Colin, Paris, 1954 ; *Le bluff technologique*, Hachette, Paris, 1988.
7. Schmuel TRIGANO, *Le monothéisme est un humanisme*, op. cit.
8. Paul VIRILIO, *L'art du moteur*, Galilée, Paris, 1993.

souvent pas un autre discours et d'autres options que le tout-Internet, ils jettent le bébé avec l'eau du bain et le récusent en bloc, sans que leur position soit fondée philosophiquement ou sur le plan des valeurs. Leur technophobie est plus le symptôme d'une absence de débat sur le sujet qu'une véritable hostilité envers les techniques.

Les partisans d'un usage raisonné

Entre technophiles et technophobes, une troisième voie est possible. Régulièrement, dans l'histoire du développement des nouvelles technologies tout au long de la seconde partie du XXe siècle, des voix se sont élevées pour critiquer un trop grand enthousiasme ou un trop grand pessimisme. Norbert Wiener lui-même, après avoir largement contribué, selon ses propres termes, à « libérer le mauvais génie de la bouteille », a eu sur la fin de sa vie, dans les années soixante, un sursaut humaniste.

Dans le monde de l'informatique, certains des plus grands noms ont tenu à témoigner en faveur d'un usage raisonné, humaniste, des techniques de l'information, contre l'emballement et l'excès auxquels elles donnaient lieu. Dès la « révolution informatique » des années soixante et soixante-dix, où l'on promettait déjà une société meilleure grâce aux ordinateurs, un des plus grands spécialistes de l'IA (intelligence artificielle), l'informaticien américain Joseph Weizenbaum, s'interrogeait sur la toute-puissance accordée à la technique dans nos sociétés[9].

En France, Jacques Arsac, titulaire de la première chaire d'informatique à la faculté des sciences de Paris, prend la plume en 1968 pour dénoncer la croyance selon laquelle l'informatique a quelque chose à voir avec le domaine du « sens » : pour lui, cette discipline, qu'il connaît bien, devrait être cantonnée au « traitement de la forme[10] ». Sa position, même s'il ne l'affiche pas clairement ainsi, est elle aussi inspirée d'un point de vue religieux, son catholicisme supportant mal que le domaine du sens, propre au monde spirituel, soit investi par la technique.

Pour ces deux spécialistes, la cause est entendue : les outils ne sont que des outils, tout empiètement sur d'autres domaines, comme par exemple la prétention à en faire un levier de « révo-

---

9. Joseph WEIZENBAUM, *Puissance de l'ordinateur et raison de l'homme*, Éditions d'informatique, Paris, 1981.
10. Jacques ARSAC, *Les machines à penser*, Seuil, Paris, 1987.

lution sociale », va à l'encontre des idéaux humanistes qui placent l'homme – et non la technique – au centre du monde.

La critique de l'« idéologie de la communication », engagée par l'universitaire Lucien Sfez[11], et l'analyse de l'« utopie de la communication »[12] portaient déjà en germe, chacune à sa manière, les prolégomènes d'une réflexion sur un usage raisonné des techniques dans un contexte pourtant largement techniciste.

À partir de ses propres présupposés, le courant « anti-mondialisation libérale », surgi en Europe et ailleurs à la fin des années quatre-vingt-dix, contient potentiellement une critique raisonnée d'Internet. En France, le mouvement impulsé par *Le Monde diplomatique* et ses réseaux d'amis joue un rôle certain dans la contestation d'Internet, perçu comme un outil entièrement instrumentalisé par le libéralisme. Ce point de vue, exprimé par exemple par Ignacio Ramonet dans *La tyrannie de la communication*[13], permet d'analyser les valeurs du discours d'accompagnement des nouvelles technologies de l'information qui sont en harmonie avec la philosophie du libéralisme.

Dans une autre perspective, les partisans d'une « régulation », y compris juridique, d'Internet, jouent un grand rôle dans la défense d'un usage contrôlé des nouvelles technologies. C'est le sens par exemple de l'intervention du sociologue français, spécialiste des médias, Dominique Wolton, qui, dans *Internet et après ?* a tenté de relativiser la portée des nouvelles technologies et plaide pour leur réglementation « afin que la liberté de communication ne devienne pas synonyme de loi de la jungle[14] ».

Parmi les partisans les plus actifs d'un « usage raisonné », on compte aujourd'hui, en France notamment, une partie du monde enseignant. C'est sans doute d'ailleurs ce qui leur vaut d'être en butte à l'ironie, parfois à la calomnie, des partisans les plus chauds de la société de l'information : on leur reproche, air connu, leur « résistance au changement ». Il faut dire qu'on s'y est assez mal pris avec eux. Dès les années soixante, les informaticiens d'IBM, promoteurs de nouvelles « pédagogies », d'inspiration assez largement comportementaliste, annonçaient fièrement

---

11. Lucien SFEZ, *Critique de la communication*, Seuil, Paris, 1988.
12. Philippe BRETON, *L'utopie de la communication*, La Découverte/Poche, Paris, 1997.
13. Ignacio RAMONET, *op. cit.*
14. Dominique WOLTON, *Internet et après ? Une théorie critique des nouveaux médias*, Flammarion, coll. « Champs », Paris, 2000.

Le culte de l'Internet

la fin des enseignants « humains » et leur remplacement, à court terme, par des « machines à enseigner » !

C'est le même discours que l'on entend parfois aujourd'hui, où Internet, permettant l'« accès au savoir mondial », dispenserait de la médiation humaine en la réduisant dans un premier temps à la portion congrue, faisant du professeur l'« assistant » de l'élève. Une telle ambiance ne prédispose pas à un bon accueil des nouvelles techniques. Pourtant, de nombreux enseignants tentent une réflexion pédagogique sur un usage raisonné, au service de la pédagogie et de la nécessaire relation maître-élève (nous reviendrons sur les arguments de ce débat).

Dans le climat actuel, les partisans d'un usage raisonné vont en tout cas à l'encontre d'une tendance lourde, celle du tout-Internet et du véritable culte dont l'entourent ses thuriféraires. Quels que soient leurs points de vue ou leurs motivations, leur position implique en effet un renoncement partiel à la puissance des techniques et l'établissement de frontières plus strictes entre le monde de la technique et celui de l'humain.

Ils prônent en quelque sorte, à l'inverse de la nouvelle religiosité qui baigne le monde d'Internet, un usage « laïcisé » des techniques, une sorte de séparation de l'Église technique et de l'État des humains. Cela explique qu'ils aient le plus grand mal à sortir de leur isolement et à mettre en commun leurs expériences. Leurs actions confinent souvent à une quasi-clandestinité, dans un contexte où la pression sociale est trop forte.

Les difficultés de cette « troisième voie » sont telles que, malgré le renfort de quelques intellectuels peu suspects d'hostilités aux techniques, toute position critique, ou même un simple appel au débat, sur Internet et le discours qui l'encense, est réduite le plus souvent par les médias au second terme d'un « pour ou contre » terriblement simplificateur. Combien de fois n'entend-on pas dire à ceux qui expriment quelques réserves sur le tout-Internet : « Mais c'est bizarre, vous utilisez pourtant le courrier électronique ! » Le culte de l'Internet est si répandu qu'on n'imagine pas que l'on puisse s'en servir simplement comme... outil.

Il existe certes un espace pour la critique, mais celui-ci est clairement balisé à l'intérieur de ce qui apparaît bien comme un faux débat : ou vous êtes « technophobe », c'est-à-dire que vous n'aimez ni la technique, ni le changement, ni les choses modernes, ou vous êtes globalement « en faveur d'Internet ». Ou vous êtes replié sur vous-même, ou vous êtes ouvert au monde et à ses nouveautés fantastiques dans le monde de la technique. Ou vous êtes « jeune », partisans du « nouveau monde », ou vous êtes « vieux et ringard ».

Pour ou contre Internet : une fausse alternative

Technophile ou technophobe, voilà l'unique espace laissé pour la discussion. Une telle simplification ne peut évidemment pas prétendre au statut de débat de société. Il y a encore beaucoup de chemin à faire pour entreprendre une « laïcisation » des techniques, qui se tiendrait à égale distance des croyances quasi religieuses dont on les affuble et de l'hostilité qu'elles provoquent souvent par réaction.

Pour essayer de sortir de ce faux débat, il est nécessaire de mieux connaître la position des partisans du tout-Internet. Quels sont leurs arguments, comment leur discours s'est-il diffusé, sur quelles valeurs s'appuient-ils ? Pourquoi parler à leur sujet de « culte » ? Les chapitres suivants tentent de mettre au jour ce qui parfois n'est qu'implicite dans le discours de valorisation des nouvelles technologies de l'information. Commençons par cette « vitrine » récente du culte de l'Internet, la promesse d'un monde meilleur grâce à l'instauration d'une société mondiale de l'information.

2

La promesse d'un monde meilleur

La seconde moitié du XXe siècle a vu se lever une promesse d'un nouveau genre, du moins en apparence. Cette promesse a d'emblée pris une dimension planétaire, voire cosmique. Au début on parla d'«État mondial» puis, rapidement, de «village planétaire». Ensuite, après l'évocation d'une «machine à gouverner le monde», vint le temps de la «révolution informatique» qui devait changer la société tout entière. L'emprunt au lexique politique du terme révolution n'était pas anodin. C'est bien le monde qu'il s'agissait de changer, de faire basculer autour de lui-même, grâce aux nouvelles techniques de l'informatique qui commençaient à envahir notre environnement. Certains vulgarisateurs n'hésitaient pas à parler d'«ère numérique» pour désigner ce qui représentait à leurs yeux un véritable changement de civilisation. Puis on parla d'un vaste réseau mondial appelé à «changer la vie». Le mot «Internet» succéda au terme trop trivial d'«autoroute de la communication». Le «cyberespace», monde virtuel qui s'opposait au monde «matériel», fit alors son apparition.

Derrière tous ces projets, dont certains commencent à se réaliser, on trouve la même promesse, baignée de religiosité, celle d'un «monde meilleur» sur Terre, d'un monde où se réaliserait une «nouvelle harmonie» pour une communauté humaine enfin réconciliée avec elle-même. Quelques auteurs se transformèrent en prophètes, certains gourous se reconvertirent aux nouvelles croyances. Le culte de l'Internet se greffa sur le développement, bien réel, des nouveaux outils de communication issus de l'ordinateur, inventé en juin 1945.

La promesse d'une nouvelle vie

Pour ceux qui naviguaient dans l'océan de pessimisme du monde matériel, un nouveau rivage apparaissait enfin à l'horizon, un nouveau monde, une « nouvelle frontière » comme disent les Américains. Tout ce que le public entend désormais à propos d'Internet et, d'une façon générale, des nouvelles technologies, par exemple dans le domaine du téléphone mobile, est associé systématiquement à un ensemble de valeurs positives. Les nouvelles technologies, c'est « plus de liberté, plus d'emploi, plus de richesse, plus de démocratie, plus de savoir ». C'est la promesse, enfin, d'un monde à la fois différent et globalement meilleur.

Comme en écho aux mauvaises nouvelles actuelles du monde réel, du monde matériel, les plans d'un avenir virtuel, où tout serait plus léger et où la présence des autres pèserait moins lourd sur nos destins individuels, deviennent l'archétype de tous les messages sur le sujet.

La publicité pour Internet et le téléphone mobile nous présente systématiquement les mêmes tableaux idylliques, à quelques variantes près, de personnages en général seuls, à l'air vaguement extatique. Souvent ils volent, avec légèreté, dans l'air toujours clair. Ils habitent un monde transparent et vivent désormais sans souci. Ils sont seuls mais, en même temps, la promesse du collectif est là, sous une forme étrange, que nous aurons à analyser, comme par exemple ce slogan paru sur la double page centrale d'un grand quotidien en faveur d'un nouveau « portail » d'accès à Internet et qui annonce : « Je suis ce que je sais, ce que je sens, ce que je vois. Je suis des millions de personnes et tous ensemble nous sommes Internet [1]. »

L'appropriation par le politique

La publicité n'est que la phase la plus visible, spectaculaire et quotidienne, de cette promesse. Elle en constitue l'habillage imaginaire. Celle-ci prend corps, de façon plus argumentée, dans le discours politique des gouvernants de différents pays. Le monde politique s'est en effet rapidement emparé de ce thème et la plupart des gens ont d'abord appris l'existence de la promesse associée aux nouvelles technologies de l'information

---

1. *Le Monde*, 1er juillet 2000, p. 18-19.

par l'intermédiaire du thème de la « société mondiale de l'information » tel qu'il était diffusé par différentes instances politiques.

La fin des années quatre-vingt-dix a vu ainsi une véritable épidémie de rapports gouvernementaux sur ce thème. Ils ont à la fois une dimension concrète et réaliste, et des accents visionnaires dès qu'il s'agit de parler du « nouveau monde ». Tout se passe comme si l'habituel registre de la promesse politique était amplifié par le souffle d'une nouvelle vision.

En 1996, le gouvernement allemand nourrit ses réflexions d'un premier rapport intitulé *Info 2000*. La même année, les experts anglais avaient milité en faveur d'une « Information Society Initiative ». Un peu plus tôt, en France, Gérard Théry avait rendu au Premier ministre français son rapport sur *Les autoroutes de l'information*, suite à une demande d'un comité interministériel qui s'était tenu le 22 février 1994. Tous ces textes s'écartent assez peu du « rapport Bangemann », du nom de son auteur, commissaire européen, intitulé *L'Europe et la société de l'information planétaire*, rendu en mai 1994 (Bangemann se fera remarquer en quittant la Commission en 1998 pour aller travailler dans l'industrie privée des télécommunications, au mépris des règles déontologiques de la Commission). Loin d'être réalisé par des experts indépendants, ou des chercheurs spécialistes de ces questions, son rapport est le fruit des réflexions de personnalités issues du monde de l'industrie des télécommunications et de l'audiovisuel, elles-mêmes très influencées par la croyance selon laquelle Internet va représenter un bouleversement à la fois du marché et des modes de vie.

Au même moment, et dans le même esprit, le gouvernement japonais définit une stratégie visant au développement des autoroutes de l'information. Deux rapports gouvernementaux en fixent le cadre. Le premier, rédigé par Fumio Watanabe, s'intitule ambitieusement *Reforms toward the Intellectually Creative Society of the 21st Century* et le second, plus concret, milite en faveur d'un *Program for Advanced Information Infrastructure*. La presse japonaise parle à cette occasion de la construction d'un « État télématique », d'« infotopie » ou d'« utopie informationnelle [2] ».

Le pragmatisme libéral de tous ces rapports d'experts n'exclut pas un certain lyrisme dans l'exposé des motifs. Ainsi,

---

2. Ozaki Takeshi, dans un article du *Nihon Keizai Shimbun*, reproduit par l'hebdomadaire *Courrier International*, n° 195, juillet 1994.

le 7 décembre 1994, le Premier ministre français, Édouard Balladur, annonçait-il en conclusion d'un colloque organisé par le ministère de l'Industrie sur le sujet : « Les autoroutes de l'information sont peut-être l'une des étoiles qui, à défaut de donner tout leur sens à la vie moderne, l'orientent différemment. [...] Comme ces nouvelles frontières que l'humanité s'est maintes fois donné pour but de conquérir, elles peuvent rallier les enthousiasmes, mobiliser et rassembler les énergies [3]. »

Le thème de la société de l'information va traverser les clivages politiques et s'adapter très facilement aux changements de gouvernement. L'un des tout premiers discours de Lionel Jospin, devenu chef du gouvernement en juin 1997, porte sur cette question. Il témoigne de la volonté de donner à cette question de la « société de l'information » une dimension prioritaire dans l'action du gouvernement, bien que ce thème n'ait pas véritablement été au centre de la campagne électorale. Il est prononcé devant un parterre de professionnels du domaine (devant l'université annuelle de la communication de Hourtin, près de Bordeaux), mais sa portée est nationale.

Les médias se feront largement l'écho des prises de position et des décisions annoncées lors de ce discours. Jospin s'exprime là aussi sur le registre de la promesse : « L'essor des nouveaux réseaux d'information et de communication, explique le Premier ministre, offre des promesses sociales, culturelles et, en définitive, politiques. La transformation du rapport à l'espace et au temps qu'induisent les réseaux d'information permet des espoirs démocratiques multiples, qu'il s'agisse de l'accès au savoir et à la culture, de l'aménagement du territoire ou de la participation des citoyens à la vie locale [4]. »

La plupart des propos tenus par les hommes politiques français et européens sur la société de l'information résonnent curieusement aux oreilles de ceux qui connaissent un peu ce qui se dit déjà, outre-Atlantique, sur ces questions depuis le début de la décennie.

---

3. Cité par Thierry VEDEL, « Les politiques des autoroutes de l'information dans les pays industrialisés : une analyse comparative », *Réseaux*, n° 78, CNET, 1996, p. 11-25.

4. Texte diffusé par les services du Premier ministre.

Un thème d'inspiration américaine

Dans une analyse de ces questions [5], le chercheur français Thierry Vedel remarque une grande convergence de tous ces projets à l'échelle mondiale, qui relèvent, nous explique-t-il, d'une « carte cognitive commune ». En effet, si les orientations politiques des pays concernés sont différentes, elles accordent toutes la même place centrale à cette donnée mystérieuse pour beaucoup : l'« information », pivot de la nouvelle promesse.

Erik Neveu, spécialiste français de sciences politiques, dans une analyse du thème de la société de communication, remarque, sans toutefois entrevoir la dimension de religiosité que ce thème contient, qu'il fonctionne comme un « grand récit », une « structure cohérente de sens [6] ».

L'un des auteurs de ce « grand récit », le vice-président américain Al Gore, est l'artisan aux États-Unis d'une politique visant à construire une société de l'information. C'est lui qui, sous l'influence des fondamentalistes d'Internet, fera le mieux connaître les promesses immenses dont ce projet serait porteur. Il va le présenter en utilisant des accents quasi religieux, propres à séduire le public américain et qui sont au point de convergence de l'héritage de la contre-culture, du nouvel *establishment* libéral dans le domaine de l'informatique.

L'idée d'une société réorganisée autour d'un réseau d'information émerge en novembre 1991 dans le cadre d'une loi proposée par le futur vice-président, alors simple sénateur, intitulée « High-Performance Computing Act ». Cette loi sera suivie de l'annonce d'un gigantesque projet, en 1993, le projet NII (pour National Information Infrastructure). Il sera connu du grand public *via* le discours, très popularisé par les médias, prononcé par Al Gore le 11 janvier 1994 à Los Angeles devant l'Académie américaine des arts et des sciences de la télévision.

Les thèmes de ce discours serviront de base et d'inspiration pour les hommes politiques qui, partout dans le monde, inscriront désormais à leur ordre du jour la nécessité de soumettre la société au nouveau culte de l'information. Qu'entend-on ce jour-là ? D'abord qu'il faut réformer le langage : « Le futur de la communication, dit Al Gore, est entre nos mains. Alors que nous entrons dans un autre millénaire, nous apprenons un nouveau

---

5. Thierry VEDEL, *loc. cit.*
6. Erik NEVEU, *Une société de communication ?* Montchrestien, Paris, 1997, p. 63.

langage. Ce sera la *lingua franca* de ce nouvel âge, une langue faite de un et de zéro, de bits et de bytes, mais nous l'apprendrons. » Le langage, désormais, devra être « informationnel ».

Al Gore annonce ensuite, en jouant sur tous les registres de la promesse, que « ces modes de communication vont divertir et informer, mais surtout ils vont éduquer, promouvoir la démocratie et sauver des vies. Ils vont aussi créer de nouveaux emplois ». Il est difficile, pour un homme politique, de faire plus large dans l'étendue de ce qu'un changement de société pourrait provoquer.

Le futur vice-président annonce, en guise de péroraison, que « la révolution de l'information changera pour toujours la façon dont les gens vivent, travaillent et interagissent » ! Ces discours apparaissent donc comme un curieux mélange de politique très classique et de promesses dont la formulation a quelques accents religieux que nous allons chercher à mieux comprendre. Ils jettent en tout cas les bases populaires du nouveau « culte de l'Internet ». Une nouvelle religiosité est en marche, dont la société mondiale de l'information va être la « vitrine » populaire. Quel en est l'esprit ?

Les fondements de la société de l'information

Deux ouvrages américains, qui connaissent une large diffusion dans leur pays comme dans le monde entier, vont contribuer à fixer le cadre de cette promesse. Le premier, *L'homme numérique*, est écrit, sous la forme d'un essai proche de la vulgarisation, par Nicholas Negroponte [7].

Le second relève d'un autre genre littéraire dont les Américains sont friands, l'autobiographie instructive de l'homme qui a « réussi dans la vie » et qui, « parti de rien », est devenu l'un des plus riches du monde. Elle fournit des modèles de comportement et d'identification, en même temps qu'elle convainc que le succès est « à portée de main » pour quiconque veut bien s'en donner la peine. Il s'agit en l'occurrence de Bill Gates, fondateur et principal actionnaire de la société Microsoft, qui conçoit et vend des logiciels dans le monde entier [8].

---

7. Nicholas NEGROPONTE, *L'homme numérique*, *op. cit.*
8. Bill GATES, *La route du futur*, Robert Laffont, Paris, 1995.

Le culte de l'Internet

Nicholas Negroponte occupe la fonction de directeur du Medialab du prestigieux MIT (Massachusetts Institute of Technology); cette grande école d'ingénieurs est associée depuis longtemps au mouvement d'innovation technologique. Negroponte a été également directeur en France du Centre national de l'informatique. Son livre est un véritable plaidoyer pour que nous adoptions systématiquement l'informatique dans tous les aspects de notre vie. Le numérique décrit l'espace d'une nouvelle Jérusalem. L'auteur plaide pour l'instauration d'un véritable monde nouveau : « La véritable valeur d'un réseau réside moins dans l'information qu'il transporte que dans la communauté qu'il forme. L'autoroute de l'information [...] est en train de créer un tissu social mondial entièrement nouveau [9]. »

Nous sommes là aussi dans l'ordre de la promesse puisque, selon le chercheur américain, « le numérique donne de bonnes raisons d'être optimiste. Telle une force de la nature, l'ère numérique [...] possède quatre qualités essentielles qui vont lui permettre de triompher : c'est une force décentralisatrice, mondialisatrice, harmonisatrice et productrice de pouvoir [10] ». Il n'y a donc plus, si l'on suit l'auteur sur ce point précis, qu'à s'y laisser aller pour que tout aille mieux. Le culte de l'Internet, s'il est pratiqué avec le soin méticuleux qu'il appelle pour tous les aspects de la vie, conduit à changer le monde.

Bill Gates n'a lui aussi aucun doute sur le caractère prometteur des nouveaux outils. Son expérience personnelle plaide en tout cas en faveur de leurs vertus économiques. Le patron de Microsoft est au carrefour de deux mythologies américaines, dont il fait admirablement la synthèse. La première est celle de la croyance dans les effets forcément positifs de la technologie, la seconde est celle de l'homme parti de rien et qui gravit tous les échelons de la société.

Bill Gates n'était, dans les années soixante-dix, qu'un jeune étudiant en technologie (ce qui aux États-Unis n'est déjà pas tout à fait le bas de l'échelle) partie prenante de la « contre-culture », profondément imprégnée de la religiosité du « New Age », et proche de ceux qui, en son sein, rêvaient de changer le monde grâce à un nouvel objet, le micro-ordinateur. Selon la légende, Bill Gates concevra, dans son garage, le premier logiciel permettant de faire tourner les machines que Steve Jobs, alors

---

9. Nicholas NEGROPONTE, *L'homme numérique, op. cit.*, p. 226.
10. *Ibid.*, p. 281.

récemment converti au bouddhisme zen, et Steve Wosniak venaient de mettre au point, et que la firme Apple se chargera de faire connaître.

Quelque trente ans plus tard, après bien des batailles industrielles et commerciales durement gagnées, et malgré quelques déconvenues récentes, comme les menaces de démantèlement de son entreprise, le jeune libertaire a accumulé une des plus vastes fortunes des États-Unis, possédant notamment le cinquième des actions de Microsoft, société cotée en Bourse au début de l'année 2000, rien moins que 500 milliards de dollars (à titre de comparaison, le budget annuel de la France est de l'ordre de 300 milliards de dollars).

Être à la tête d'une fortune supérieure à celle des budgets cumulés de plusieurs États du tiers monde, ou encore supérieure à celui du la Défense nationale française (programme nucléaire inclus), donne apparemment une certaine assurance pour parler de son sujet. Son ouvrage, *The Road Ahead*, est rempli de la sûreté un peu naïve de celui qui ne comprend pas que ce qui lui est arrivé ne soit pas arrivé à tout le monde, en même temps qu'il ne doute pas de ses propres qualités personnelles. Traduit en français en 1995, ce livre annonce le règne de l'«interactivité totale» et du «marché ultime». La promesse est ainsi formulée : «Un jour viendra, pas si lointain, où vous pourrez mener vos affaires, étudier, explorer le monde et ses cultures, vous brancher sur n'importe quel spectacle, lier de nouvelles connaissances, faire les courses dans votre quartier, montrer des photos à des parents de province... sans quitter votre bureau ou votre fauteuil.» L'auteur continue en annonçant «un nouveau mode de vie, dans un monde médiatisé [11]».

Après nous avoir expliqué longuement comment les technologies fonctionnent et permettent notamment de transformer la moindre de nos pensées et de nos actions en «information», l'auteur conclut que tout cela n'est qu'un début : «Je suis optimiste quant à l'impact de la nouvelle technologie. Elle va enrichir nos loisirs. Enrichir notre culture en redistribuant plus largement l'information. Atténuer les tensions de la vie urbaine puisque chacun d'entre nous pourra travailler de chez lui ou d'un bureau à la campagne. [...] De plus en plus de produits circuleront sous la forme de bits et non plus de biens manufacturés. Nous allons mieux maîtriser notre vie. [...] Nous autres citoyens de la société

---

11. Bill GATES, *La route du futur*, op. cit., p. 20.

de l'information allons découvrir les moyens de mieux produire, mieux apprendre, mieux nous divertir[12]. » Là aussi, on trouve exprimé un point de vue sur les techniques sur le registre d'une promesse très large dans sa portée, qui recouvre pratiquement tous les aspects de notre vie.

Cette promesse va être portée à son point d'incandescence maximale par Pierre Lévy, auteur de multiples essais sur ce thème qui vont avoir une grande influence dans les milieux des nouvelles technologies de l'information et au-delà. Se situant à un très haut degré de généralité, Lévy n'hésite pas à évoquer la « reconnection globale de l'espèce humaine avec elle-même[13] » qu'Internet va permettre. Il répercute pour l'occasion la vision anthropologique de Teilhard de Chardin où les hommes, d'abord unis dans une première étape de l'existence de l'humanité (les premières communautés humaines de l'Afrique de l'Est) puis séparés par la dispersion sur la planète entière (l'époque des migrations, puis de la fondation des grandes villes), se retrouveraient enfin dans une vaste « conscience collective » qui serait la finalité profonde de l'espèce : « Prolongeons un peu la courbe de convergence au lieu de nous empêtrer dans la considération de ce qui nous sépare. Nous sortons juste de la préhistoire. Les séparations sont la part sombre de notre héritage, en voie de liquidation progressive. La véritable destination de l'homme est d'être un planétaire, participant activement à l'intelligence collective de son espèce[14]. » Internet représente dans cette optique, pour reprendre le mot de cet auteur, une « citadelle de lumière ».

La dimension religieuse et mystique est ici largement présente, explicitement, exprimant avec précision bien des traits plus ou moins latents des milieux qui voient dans l'Internet la source d'une nouvelle promesse pour l'homme et le monde.

Qu'il s'agisse des fondamentalistes comme Pierre Lévy, Bill Gates ou Nicholas Negroponte, ou bien des multiples essayistes, hommes politiques ou autres, qui leur emboîtent le pas, américains, européens et japonais, la thématique est la même : une promesse unilatéralement optimiste à forte tonalité religieuse. Celle-ci couvre un territoire très vaste et concerne la plupart des aspects de notre vie sociale et individuelle.

---

12. *Ibid.*, p. 294.
13. Pierre Lévy, *World philosophie, op. cit.*, p. 20.
14. *Ibid.*, p. 47.

Elle constitue, pour tous ces auteurs, la véritable finalité des nouvelles technologies de l'information. Deux points reviennent avec insistance. Le premier, en filigrane, mais néanmoins systématiquement présent, concerne la question de la violence sociale. Tout se passe comme si Internet avait le pouvoir de «réduire les tensions», de construire un lien social «plus harmonieux», moins conflictuel. Le monde imaginaire que nous promet ce discours est calme, lumineux et pacifié.

Le second thème récurrent est ce curieux modèle de lien social, présenté le plus souvent comme une évidence, consistant à valoriser systématiquement le fait de «pouvoir tout faire de chez soi» sans bouger de son fauteuil, comme le dit Bill Gates. Ainsi, Pierre Lévy prédit que «dans les premières décennies du XXIe siècle, [...] la majeure partie de la vie sociale empruntera ce médium [le cyberespace], principal milieu de la communication et de la vie sociale. L'Internet représente simplement le stade de regroupement de l'humanité qui succède à la ville physique. On y trouvera donc quasiment toutes les activités que l'on trouve en ville, plus quelques autres, complètement nouvelles[15]».

Un autre fondamentaliste d'Internet, Mitchell Kapor, énonce, dans la revue *Wired*, certains des enjeux du nouveau lien social : «La vie à l'intérieur des flux informationnels se déroule exactement comme Thomas Jefferson l'aurait voulu [...], régie par la primauté des libertés individuelles, le souci du pluralisme, la diversité, l'esprit de communauté. [...] L'ouverture et la liberté sont les vraies promesses de cette technologie[16].» L'idéal de vie que prépare le nouveau culte de l'Internet se présente d'emblée comme fondamentalement moral.

Quelle est la nature exacte de la religiosité qui est à l'œuvre dans ce nouveau «culte» et que l'on sent poindre dans ce thème de la société mondiale de l'information ? On sent bien qu'il y a là quelques traits originaux qui ne se laissent pas décoder facilement. Les accents proches de Teilhard de Chardin qui caractérisent le discours de Pierre Lévy ne doivent pas masquer le fait que sa promesse d'accéder à une «conscience universelle réunifiée» se nourrit aussi à la source du bouddhisme. Le créateur de l'ordinateur sur lequel ces lignes sont écrites, Steve Jobs, créateur de la lignée des Macintosh, est d'abord un moine zen, très profondément marqué par cette religion. En même temps, on voit

---

15. *Ibid.*, p. 57.
16. Mitchell Kapor, «Where is the digital highway really heading ?» *Wired*, juillet-août 1993.

bien que nous avons affaire à des catégories nouvelles, même si la présence de très vieux thèmes s'affirme avec force.

Avant d'explorer ces pistes, liées à la contre-culture et à l'influence orientale, il n'est pas inutile de revenir un peu en arrière, vers ce moment clé des débuts de l'informatique où certains imaginent déjà que l'« information » est plus qu'une simple donnée technique et que le futur de l'humanité devra s'inscrire dans le contexte d'une révolution radicale, vers une « société de communication planétaire ». Au point de départ de tout cela, on trouve une *vision*, celle d'un univers entièrement transparent et ouvert, s'il n'était guetté par l'opacité, le désordre, l'entropie. Cette vision est peut-être le point de départ de toute cette aventure.

3

L'incarnation d'une vision

Les discours enthousiastes sur Internet tirent parfois leur légitimité de leur nouveauté. Leur capacité à mobiliser l'énergie d'une partie de la jeunesse tient à cela. La publicité ne manque pas d'associer aux nouvelles technologies de l'information, et surtout à ce que l'on peut faire avec, le goût du jamais vu et le rejet de tout conformisme. Cette présentation des faits fait l'impasse sur l'ancienneté du thème de la société de l'information.

Une enquête un peu approfondie fait apparaître, curieusement, une extraordinaire constance de ce thème depuis les années cinquante. On peut même établir qu'il est l'objet d'une « redécouverte » cyclique. Né dans l'immédiat après-guerre, ce projet d'une nouvelle société réorganisée autour de la communication (réduite à la pure dimension informationnelle) a connu depuis différents avatars. Dès le milieu des années cinquante, de nombreux textes de science-fiction mettent en scène une telle société et décrivent avec précision, comme le fait par exemple Isaac Asimov, Internet, le multimédia, les communications virtuelles [1].

Déjà des essayistes américains comme Daniel Bell, Alvin Toffler ou Zbignew Brzezinski parlent, à partir des années soixante, d'une « troisième vague » de civilisation, axée sur l'immatériel, après l'agriculture et l'industrie [2]. Le modèle de la nouvelle société est constitué, par exemple pour Daniel Bell, par la « communauté charismatique » des savants, la science constituant pour ces derniers une qualité « sacrée » en tant que mode de vie pour ses membres. Bell voit dans la nouvelle société de l'information une dimension éminemment religieuse : « Comme la

---

1. Isaac Asimov, *Face aux feux du Soleil*, J'ai lu, Paris, 1970.
2. On pourra se reporter ici à l'analyse d'Armand Mattelart dans « L'âge de l'information. Genèse d'une appellation non contrôlée », *Réseaux*, n° 101, Hermès Science Publications, Paris, 2000.

chrétienté, cette dimension charismatique fait qu'elle a le charme (ou l'attrait) d'une utopie récurrente et même du messianisme. C'est cette tension entre ces éléments charismatiques et les réalités de l'organisation à grande échelle qui configurera les réalités politiques de la science dans une société postindustrielle [3]. » Alvin Toffler évoque quant à lui le « puissant raz de marée en train de déferler sur une grande partie de la Terre » et explique que « l'histoire humaine ne fait que commencer [4] ». Zbignew Brzezinski invente et popularise – pour un temps – l'expression d'« ère technétronique ».

McLuhan popularise très tôt (1962) son « village global » qui advient grâce aux « médias électroniques ». Son influence ne doit pas être sous-estimée. Pour Mattelart, tous les essayistes de la société de l'information se positionnent par rapport au professeur de Toronto qui « reconstruit une vision religieuse de l'intégration de la planète, déclinable à toutes étapes de l'âge de l'information ». L'actuel directeur du programme McLuhan de l'université de Toronto confirme que la foi religieuse de McLuhan, converti adulte au catholicisme, a inspiré sa pensée.

De fait, la lecture de son ouvrage fameux, *La galaxie Gutenberg*, fait apparaître une singulière influence du père jésuite Teilhard de Chardin, inventeur de la notion de « noosphère », correspondant pour l'intellect de ce que la « biosphère est pour la vie [5] » et que McLuhan interprète comme « le cerveau technologique de l'univers, [...] la membrane cosmique jetée sur l'ensemble du globe par la dilatation électronique de tous nos sens [6] ». Cette vision religieuse planétaire tente une synthèse entre les sciences et la religion. C'est le thème, bien dans l'esprit de l'époque, d'un grand colloque de l'Unesco en 1965, à la mémoire à la fois d'Albert Einstein et de Pierre Teilhard de Chardin [7]. C'est aussi celui des tentatives, sur un autre plan marqué par l'orientalisme et la parapsychologie, de Jacques Bergier et de Louis Pauwels, cofondateurs de la revue *Planète*, qui connut son heure de gloire dans les années soixante.

Pour comprendre en profondeur le discours sur la société de l'information, les promesses qu'il porte et la religiosité dans

---

3. Daniel BELL, *The Coming of Post-industrial Society. A Venture in Social Broadcasting*, Basic Books, New York, 1973, p. 408 (cité par Armand MATTELART, *loc.cit.*).
4. Alvin TOFFLER, *La troisième vague*, Denoël, Paris, 1980, p. 11.
5. Pierre TEILHARD DE CHARDIN, *Le phénomène humain*, Seuil, Paris, 1955.
6. Marshall MCLUHAN, *La galaxie Gutenberg*, Mame, Paris, 1967, p. 41.
7. *Science et synthèse*, Gallimard/Unesco, Paris, 1967.

L'incarnation d'une vision

laquelle il baigne, il faut donc pousser la recherche jusqu'à la source. On percevra peut-être mieux ainsi les raisons de son succès croissant et sa nature profonde. La seule véritable différence entre le discours d'hier et celui d'aujourd'hui est qu'il est sorti des cercles de spécialistes qui lui ont donné naissance et qu'il touche désormais un vaste public. Le culte de l'information s'est incarné et s'est vulgarisé *via* le culte de l'Internet.

Un discours ancien

La racine «cyber», accolée à toutes sortes de mots, nous indique la voie. N'oublions pas, comme le rappelle par exemple Armand Mattelart[8], que c'est au sein de la «cybernétique», inventée par le mathématicien américain Norbert Wiener[9] dans les années quarante, qu'est né ce que l'on pourrait appeler le premier «culte de l'information». Wiener, et à sa suite les nombreux cybernéticiens qui vont répandre la «bonne parole», défend en effet une vision du monde plus ample, qui fait de l'«information» (au sens large, pas uniquement l'information médiatique) le noyau dur d'une représentation globale du réel. Un véritable paradigme se dégage progressivement de l'enquête dont nous rendons compte ici.

Cette vision «informationnelle» du monde est celle qui s'impose aujourd'hui, comme arrière-plan des discours sur Internet et la société de l'information. C'est elle qui lui donne cette religiosité diffuse qui l'accompagne. L'expansion de ce paradigme s'est faite progressivement, tout au long du demi-siècle qui vient de s'écouler, touchant des domaines de plus en plus nombreux et diversifiés, comme l'automatique, l'informatique et l'intelligence artificielle, la biologie et la génétique, les sciences humaines et sociales – impliquées depuis le début dans l'opération –, la philosophie et la psychanalyse, les sciences de la communication et le monde des médias, le champ des idées politiques. Il s'est cristallisé aujourd'hui autour d'Internet.

Ce thème a rencontré, chemin faisant, d'autres courants d'idées qui, notamment au XIXe siècle, évoquaient à leur manière

---

8. Armand MATTELART, *Histoire de l'utopie planétaire, op. cit.*, notamment p. 311.
9. Pour une présentation plus détaillée des thèses de Norbert Wiener, voir : Philippe BRETON, *L'utopie de la communication, op. cit.*; Steve J. HEIMS, *John Von Neumann and Norbert Wiener*, MIT Press, Cambridge, Mass., 1982 ; et Jean-Pierre DUPUY, *Aux origines des sciences cognitives*, La Découverte, Paris, 1992.

une « nouvelle société ». Armand Mattelart a bien mis en évidence les liens entre l'idéologie contemporaine de la communication et le thème plus ancien de l'« utopie planétaire »[10]. Pierre Musso, de son côté, a décrit avec précision l'influence, elle aussi plus ancienne, de la pensée saint-simonienne des réseaux sur le discours d'accompagnement d'Internet[11].

On doit toutefois à Wiener et à sa cybernétique d'avoir jeté les fondements du « culte de l'information » et la démarche prosélyte qui accompagne ce nouveau paradigme. Norbert Wiener est à l'origine d'une nouvelle « vision du monde », assez radicale dans la rupture qu'elle propose.

L'information selon Wiener

On peut résumer celle-ci de la façon suivante : le monde – et donc tous les êtres qui en relèvent, quels qu'ils soient – est composé de deux grands éléments : d'un côté les formes, les idées, les messages, les « informations » (tous ces termes sont équivalents ici) ; et de l'autre, le désordre, le hasard, l'entropie. D'un côté, l'esprit, de l'autre, la matière. L'information est ainsi définie, de façon extraordinairement générale et réductrice à la fois, comme le « nom pour désigner le contenu de ce qui est échangé avec le monde extérieur à mesure que nous nous y adaptons et que nous lui appliquons les résultats de notre adaptation[12] ».

L'entropie, qui est le négatif de l'information, n'est pas une simple donnée théorique. Sa présence concrète dans l'univers est assimilable, selon Wiener, qui déploie à cette occasion des développements théologiques explicites, à l'imperfection, au hasard, au désordre, à la désorganisation, à la mort. L'entropie représente une violence fondamentale contre laquelle seule l'information permet de lutter. *In fine,* elle est associée par Wiener au « Diable », tout en restant dans l'espace d'une pensée athée. Nous reviendrons plus loin sur ces apparentes contradictions qui fondent le culte de l'information.

L'entropie et l'information sont donc les deux faces d'une même réalité, de *la* réalité. Ce qui a de la valeur dans le monde est du côté de l'information. Dans ce sens, tout – sauf lorsqu'il y a délitement entropique – est information, message, mouve-

---

10. Armand Mattelart, *Histoire de l'utopie planétaire, op. cit.*
11. Pierre Musso, *Télécommunications et philosophie des réseaux, op. cit.*
12. Norbert Wiener, *Cybernétique et société*, 10-18, Paris, 1954, p. 19.

ment. Tout être est essentiellement, dans son existence fondamentale, message. Cette pensée inaugure ce qu'on pourrait appeler une « ontologie radicale du message » : rien n'existe que sous la forme d'un message, d'une information, d'une transparence potentielle. Nous sommes là dans une véritable mystique de la communication. La finalité du message étant de circuler, tout ce qui concourt à ce mouvement est positif, tout ce qui concourt à le freiner transforme le mouvement de l'information en son contraire : l'entropie, le désordre, le Mal.

La nouvelle vision du monde défendue par Wiener se présente, sans qu'il le formule directement, comme une approche « antimétaphysique », en ce qu'elle postule qu'il n'y a, en quelque sorte, rien derrière le réel, ramené à l'échange permanent et visible des informations qui le constituent. Il est en effet important de noter que, dans cette conception, la réalité des objets et des phénomènes naturels est entièrement épuisée dans l'information qui les constitue et qui s'échange dans un courant permanent. Le nouveau paradigme est une pensée de la relation, qui enferme le réel dans le relationnel, et le relationnel dans l'informationnel.

Une nouvelle vision de l'homme et de la société

À partir de ces fondations et avec comme support institutionnel la cybernétique, Wiener va explorer deux axes majeurs de réflexion, qui constitueront les deux branches centrales de la nouvelle vision informationnelle du monde : d'une part, une réflexion sur la nature de l'humain, qui le conduira à prendre des positions théoriques antihumanistes ; et d'autre part, une réflexion de nature quasi sociologique sur la société idéale qui devrait se reconstruire autour de l'information.

Le paradigme informationnel accouche donc, immédiatement, du projet d'un « homme nouveau » vivant dans une « nouvelle société », la « société mondiale de l'information ». Il ouvre la voie au culte de tout ce qui favorise la circulation de l'information. Wiener affirme ainsi l'idée que l'homme, sur un plan ontologique fondamental, est considéré comme essentiellement constitué d'« information » et en tire des conclusions radicales, aux accents très contemporains. L'identité de l'individu « ne consiste pas dans la matière dont il se compose. [...] S'il en est ainsi, il n'existe pas de ligne fondamentale absolue de démarcation entre les genres de transmission utilisables pour envoyer un télégramme d'un pays à un autre et les genres de transmission possibles théoriquement pour un organisme vivant tel que l'être humain. [Et nous pourrions] transmettre le modèle entier du corps humain avec ses souvenirs, ses communications croisées, de sorte qu'un récepteur instrumental hypothétique pourrait réorganiser convenablement ces messages et serait capable de poursuivre les processus préexistant dans le corps et dans l'esprit».

Wiener ajoute, anticipant sur certains propos qui seront tenus sur Internet et le cyberespace, que «le fait que nous ne pouvons pas télégraphier d'un endroit à un autre le modèle d'un homme est dû probablement à des obstacles techniques, [...] il ne résulte pas d'une impossibilité quelconque de l'idée elle-même [13]».

Cette nouvelle vision s'applique aussi à la société dans le sens où, pour Wiener, «la nature des communautés sociales dépend, dans une large mesure, de leurs modes intrinsèques de communication [14]». Il s'ensuit que, «d'une part, la société peut être comprise seulement à travers l'étude des messages et des facilités de transmission qui lui sont propres et, d'autre part, les messages de l'homme aux machines, des machines aux hommes et des machines entre elles sont destinés à jouer un rôle toujours plus important dans l'évolution des techniques et dans le développement des moyens de transmission [15]».

L'emploi dans cette citation du terme «seulement» illustre bien que, pour lui, ce sont les messages qui contiennent en quelque sorte la société en ce qu'elle a de vital. De même que l'homme est défini en termes d'information, la société aussi est tout entière information. Chaque homme n'est plus le centre d'un monde. Dans cette perspective où «l'intégrité des canaux de communication intérieure est essentielle au bien-être de la société [16]», «la communication est le ciment de la société et ceux dont le travail consiste à maintenir libres les voies de communication sont ceux-là mêmes dont dépend surtout la perpétuité ou la chute de notre civilisation [17]».

Le modèle de société qu'il dessine, à partir du point central qu'est l'information et sa circulation, est une société sans État, fondée à la fois sur des petites communautés de vie et sur un système de communication mondial. C'est une société où la notion d'égalité est étendue, nous l'avons vu, bien au-delà du

---

13. *Ibid.*, p. 125.
14. Norbert WIENER, *Cybernétique et société*, Deux-Rives, Paris, 1952, p. 81.
15. *Ibid.*, p. 21.
16. Norbert WIENER (1954), *Cybernétique et société, op. cit.*, p. 163.
17. Norbert WIENER (1952), *Cybernétique et société, op. cit.*, p. 183.

L'incarnation d'une vision

règne des humains, puisqu'elle inclut les machines intelligentes, considérées comme potentiellement les égales de l'homme.

Héritier direct le plus actuel de cette pensée des formes en mouvement, Pierre Lévy, cinquante ans plus tard, s'explique longuement sur cette question essentielle pour lui : « En s'interconnectant, [...] l'humanité se constitue peu à peu en noosphère, en monde des idées, en réceptacle actif des formes. Ce faisant, elle découvre que le monde réel est un monde des idées, un univers de formes [18]. » Et l'auteur ajoute que « l'histoire de l'univers est précisément celle d'une accélération de la production de formes [19] ».

Avant de regarder comment ces dispositifs techniques vont incarner cette vision, il faut rendre à César tout ce qui lui revient : après l'avoir créé, Wiener sera le premier à critiquer la cybernétique et ce qu'elle devient sous ses yeux. Avait-il mal apprécié la portée profondément antihumaniste de cette nouvelle vision du monde ? S'est-il soudain senti dans la peau de l'apprenti sorcier ayant « libéré le diable de la bouteille » sans savoir comment l'y ramener ? S'est-il souvenu que dans la tradition des créateurs de golems à laquelle il se rattache (il soutiendra être descendant du rabbin Loew, créateur du golem de Prague), les hommes pieux défont immédiatement leur créature après l'avoir fait naître au jour ? Quoi qu'il en soit, Wiener ne voudra jamais faire partie du club qu'il a pourtant créé. Qu'il se soit séparé de sa vision ne l'empêche pas d'en avoir été le premier prophète.

Norbert Wiener est donc, pour partie malgré lui, à l'origine d'un courant de pensée dont la nouveauté et l'étrangeté, sous certains aspects, n'échappent à personne à l'époque. C'est cette intense valorisation de l'information et de la communication qui va être la matrice de ce nouveau culte. Celui-ci prend aujourd'hui pour objet Internet, mais on voit mieux maintenant qu'au-delà du réseau lui-même, qui n'en est qu'une simple concrétisation, c'est bien d'une autre réalité, plus large, qu'il s'agit.

La cybernétique qu'il a créée va avoir une extraordinaire influence par la suite. Celle-ci se mesure simplement au succès grandissant de l'information et de la communication comme nouvelle manière de regarder le monde. Ces nouvelles catégories ne sont pas simplement des outils conceptuels qui s'ajouteraient

---

18. Pierre Lévy, *World philosophie, op. cit.*, p. 211.
19. *Ibid.*, p. 215.

à d'autres. Les phénomènes liés à la communication se présentent rapidement comme ce qu'il faut regarder pour comprendre le monde, puisque celui-ci serait, dans son essence même, communication. Norbert Wiener est à l'origine d'une *vision* qui fait voir le monde autrement si on accepte de la partager.

La forme et l'information ne faisant qu'un, cette nouvelle vision du monde institue donc l'information comme valeur clé, dont la reconnaissance donne la direction du progrès. Cette valorisation confine à la sacralité. C'est dans cette direction, dans la direction de cette vision que certains s'attribueront la mission de faciliter la communication partout où cela est possible. Concrètement, cela signifiera construire des dispositifs techniques dont la finalité principale sera de permettre la communication.

La mise en place des premiers réseaux

La promesse d'une nouvelle société, on le voit, s'accompagne d'une double condition, très bien formulée par Wiener : d'une part, que l'on réorganise la société autour de toutes les techniques qui servent à traiter, conserver, transporter l'information ; et d'autre part, que l'on mette sous forme d'information tout ce qui peut l'être. Dans cette conception binaire du monde, tout ce qui n'est pas information ou susceptible de le devenir est rejeté. Mais pour que cette promesse puisse s'actualiser, encore faut-il que ces techniques existent. Au moment où le nouveau projet de société prend forme, celles-ci ne sont encore qu'à l'état d'ébauches ou de plans.

Dès qu'un nouveau dispositif est inventé, il est immédiatement salué comme une étape indispensable à la réalisation du nouveau monde. En juin 1945, l'un des participants au séminaire fondateur de la cybernétique, John Von Neumann, signe les plans d'une nouvelle machine, apte à imiter et à reproduire les caractéristiques du cerveau humain. Il invente ainsi les principes de l'ordinateur moderne. La nouvelle machine est d'emblée conçue sur la base d'une représentation du cerveau humain, lui-même imaginé sous l'angle de la communication des éléments qui le composent [20]. Nous avons essayé de montrer, dans un ouvrage précédent [21], que le projet de l'ordinateur s'ins-

---

20. Philippe BRETON, «Le premier ordinateur copiait le cerveau humain», *La Recherche*, n° 290, septembre 1996.
21. Philippe BRETON, *À L'image de l'homme. Du golem aux créatures virtuelles*, Seuil, Paris, 1996.

crit en effet dans une ancienne lignée, celle qui consiste à fabriquer des « créatures artificielles », tout en utilisant une nouvelle vision de l'homme, où l'information, comme nous l'avons vu, joue un rôle central.

Dès que le premier ordinateur est construit, en Angleterre, une discussion s'ouvre en France et aux États-Unis, à partir d'un article publié le 28 décembre 1948, dans le journal *Le Monde*, par celui qui sera plus tard l'avocat de Galilée dans le procès en révision auprès du Vatican, le père dominicain Dominique Dubarle, par ailleurs physicien et bon connaisseur de la pensée de Wiener (ce dernier commentera son article dans une édition ultérieure de *Cybernétique et société*). Ce texte s'intitule « Vers la machine à gouverner. Une nouvelle science : la cybernétique ».

Dubarle y décrit l'ordinateur comme une machine appelée à être de plus en plus en grande, qui fonctionnerait à l'échelle mondiale et tout à fait analogue au cerveau humain. La littérature informatique qui va suivre empruntera pendant un temps ce thème de l'ordinateur unique, du centre de calcul universel où un seul « cerveau » prendrait en charge la totalité des problèmes. La référence imaginaire est bien une seule machine, puissante, dotée de la mémoire suffisante pour passer ce « seuil » que Von Neumann pressentait, au-delà duquel l'« intelligence » viendrait à l'ordinateur.

Dubarle discute avec précision de l'application que constituerait la « conduite rationnelle des processus humains », possibilité qui découle directement de la capacité des nouvelles machines à « exécuter les tâches de la pensée ». L'argument central est le suivant : les hommes politiques et, plus généralement, le système de la politique sont incapables de prendre en charge la gestion des sociétés au niveau mondial. Le grand intérêt des nouvelles machines est de laisser entrevoir la possibilité d'une machine à gouverner rationnelle, qui conduirait éventuellement à une unification au niveau planétaire, vers un « gouvernement unique de la planète ».

Nous trouvons là les prémisses des débats actuellement en cours sur les enjeux d'Internet. D'une certaine façon, les grandes questions de ce débat sont déjà contenues dans l'ensemble des textes qui ont été écrits à la fin des années quarante et dont l'article de Dominique Dubarle constitue une bonne synthèse.

Discours réservé au début à quelques spécialistes, la promesse d'un monde meilleur grâce à l'information et aux nouvelles technologies de l'information va connaître une diffusion croissante.

L'influence de la cybernétique

À partir de la fin des années cinquante, aux États-Unis comme en Europe, on assiste à un véritable flamboiement de la cybernétique, principal vecteur du paradigme informationnel. Il est difficile aujourd'hui, pour différentes raisons, de se rendre compte du véritable empire que constituait ce nouveau domaine. Sa démarche interdisciplinaire atteignait toutes les sciences, fondamentales comme appliquées. Elle était l'objet d'une vaste campagne de vulgarisation jusque dans le grand public. La cybernétique était porteuse d'une nouvelle vision du monde, globale et prometteuse. Elle proposait une sorte de synthèse originale entre la science et une nouvelle religiosité.

C'est à la même époque qu'en parallèle Teilhard de Chardin propose lui aussi, comme nous l'avons vu, une synthèse originale entre la science et la religion (il semble que le père Dubarle ait été un de ses auditeurs parisiens) : il imagine qu'à la « biosphère », unité de tous les systèmes vivants sur Terre, succédera la « noosphère », ce collectivisme des idées tendant vers un seul point.

L'un des principaux supports de la cybernétique sera le thème du cerveau artificiel, des animaux électroniques [22] et plus tard de l'intelligence artificielle, ce thème servant à promouvoir une vision informationnelle de l'homme. C'est également dans cette période que, *via* les campagnes de vulgarisation, se dessine un discours prospectif qui met en scène la société de demain comme entièrement structurée par les nouveaux dispositifs techniques.

Pendant ce temps, en Union soviétique, on découvre les vertus de la cybernétique, après l'avoir qualifiée sous Staline de « science bourgeoise ». Elle apparaît là aussi comme un moyen de gestion rationnelle de la société socialiste et comme un des outils de passage au communisme, c'est-à-dire à la société sans État rêvée par Marx. La cybernétique est le moyen idéal du « paradis sur terre » rêvé par beaucoup de communistes.

Les conférences de Wiener en URSS ne sont sans doute pas étrangères à la diffusion des idées cybernétiques de l'autre côté du rideau de fer. L'implosion ultérieure du système soviétique interrompra l'expérience. En France, les espoirs mis dans la planification font naître ici et là, dans des entreprises publiques,

---

22. Philippe Breton, « L'oubli de la tortue », *Alliages*, 1991.

comme la RATP par exemple, des « directions de la cybernétique », hauts lieux de l'imaginaire d'un nouveau monde, plus radieux. On rêve alors, comme Jacques Bureau, de la survenue d'une « ère logique » : « L'abolition du chef, de l'autorité, du dogme et des partis [permettra l'avènement] des mécanismes auto-adaptatifs, auto-évolutifs [23]. »

Cette première période s'achève, semble-t-il, assez brutalement par un oubli provisoire de la cybernétique, une « clandestinité », comme le dira Abraham Moles. Il y a plusieurs raisons à cela. Trop de promesses avaient été faites, qui n'ont jamais été tenues : une intelligence artificielle comparable à l'intelligence humaine « dans moins de dix ans » avait-on prédit en 1951. Trop d'aventuriers aussi, qui s'étaient glissés dans les interstices de l'interdisciplinarité et qui avaient ruiné la réputation du domaine. Enfin, le fort courant de spécialisation des sciences allait à l'encontre du projet de réunir les sciences sous l'égide du seul concept d'information. Le détachement et l'autonomisation de l'informatique par rapport à la cybernétique allaient dans un sens provisoirement plus pragmatique.

On peut aussi faire l'hypothèse que les discours trop violemment antihumanistes de la cybernétique ont suscité, temporairement, l'irritation et la résistance de certains milieux. La religiosité dont le mouvement est porteur irrite aussi nombre de scientifiques. La cybernétique est provisoirement prise entre deux feux.

Plusieurs intellectuels feront d'ailleurs explicitement campagne contre la cybernétique, pour des raisons différentes : Jacques Ellul, en France et très tôt aux États-Unis (dès 1947), le philosophe français Henri Lefebvre, qui écrit un ouvrage très critique sur le « cybernanthrope » en 1967 [24] (les événements de 68 commencent aussi à Strasbourg par la contestation par les étudiants situationnistes des cours du cybernéticien français Abraham Moles), le philosophe allemand Jürgen Habermas, qui critique vivement la cybernétique pour son rôle central dans la transformation de « la science et la technique comme idéologie [25] ».

Dans les années soixante, l'ancien discours cybernétique est réhabillé de neuf. Cette fois-ci, il ne concerne plus uniquement

---

23. Jacques BUREAU, *L'ère logique*, Robert Laffont, Paris, 1969, p. 11.
24. Henri LEFEBVRE, *Position : contre les technocrates*, Médiations, Paris, 1967 (le titre de la première édition était *Le cybernanthrope*).
25. Jürgen HABERMAS, *La technique et la science comme idéologie*, Gallimard, Paris, 1973.

les milieux d'ingénieurs ou de mathématiciens. La notion d'information mise en selle par Wiener a franchi les limites de ce monde pour gagner celui des sciences humaines. En Europe, un certain nombre de chercheurs seront sensibles aux sirènes du paradigme informationnel. C'est le cas de Jacques Lacan, dont la conception nouvelle de l'inconscient doit sans doute beaucoup à la cybernétique, dont il discute certaines thèses dès 1954 ; ou de Claude Levi-Strauss, qui revendiquera jusqu'à aujourd'hui une vision du monde dans laquelle l'entropie occupe une place importante ; ou encore d'Edgar Morin, dont la filiation cybernétique est explicite. Dans le champ de la philosophie, citons notamment, entre autres penseurs, Jean-François Lyotard, qui tente en 1979 une synthèse du postmodernisme [26] faisant largement appel aux concepts fondateurs du paradigme informationnel.

L'histoire de l'influence du paradigme informationnel sur les sciences humaines et sociales commence à être écrite [27]. On y trouvera sans doute bien des surprises, ainsi que la clé de certains débats qu'on croit, bien à tort, intellectuellement nouveaux.

L'influence de la cybernétique et du paradigme informationnel sur la biologie est également très forte : la notion d'information irrigue conceptuellement la découverte du « code » génétique au début des années cinquante. Tout un lexique conceptuel est ainsi importé, jusqu'à la notion de « programme ». La « double hélice » est bien un regard informationnel porté jusqu'au cœur du vivant [28].

Le champ, immense, ouvert par les manipulations génétiques trouve son principal soubassement dans l'idée cybernétique d'un homme nouveau que l'on détacherait de sa nature initiale pour le remodeler à loisir. La génétique n'est dans ce sens que la capture du « modèle de l'homme », que l'on peut dès lors faire circuler dans les réseaux de communication en l'ayant, au passage, amélioré, civilisé, « domestiqué » dira plus tard le philosophe allemand Peter Sloterdijk, héritier direct de la cybernétique [29].

---

26. Jean-François LYOTARD, *La condition postmoderne*, Minuit, Paris, 1979.
27. On citera le travail en cours de Céline Lafontaine sur ce sujet dans le cadre d'une thèse de doctorat conjoint, université de Montréal et université Paris-1 Sorbonne.
28. Michel MORANGE, *Histoire de la biologie moléculaire*, La Découverte, Paris, 1994.
29. Peter Sloterdijk se situe ainsi dans le champ de la « cybernético-biotechnique » et milite en faveur du remplacement des « discontinuités métaphysiques par les continus postmétaphysiques » (Peter SLOTERDIJK, « Le centrisme mou au risque de penser », *Le Monde*, 9 octobre 1999).

L'incarnation d'une vision

Mais c'est bien dans le champ de l'informatique et des nouvelles technologies de l'information que l'idée d'une société meilleure réorganisée autour de la communication va trouver à s'incarner le plus fortement. La nouvelle vision du monde va en effet irriguer le milieu des informaticiens qui s'en feront, en retour, les principaux missionnaires. La religiosité dont la première cybernétique était porteuse va trouver enfin à se réaliser.

La micro-informatique et les débuts de l'Internet

Le début des années quatre-vingt voit les débuts d'Internet, passé, comme le montre bien Jean-Claude Guédon dans son ouvrage de synthèse sur le sujet[30], d'une application proche du militaire, le réseau Arpanet, à un ensemble de réseaux grand public (on pourra également se reporter à l'ouvrage de Christian Huitema *Et Dieu créa Internet*[31]). « Cyber » redevient un préfixe largement utilisé.

Dès l'origine, le monde des réseaux est étroitement associé à cette promesse d'une autre communication, ou plutôt d'un univers où la communication aurait toute sa place : une place centrale. L'universitaire français Patrice Flichy, spécialiste de l'histoire des techniques de communication, met bien en évidence le discours des fondateurs des nouveaux réseaux de communication qui sont la matrice d'Internet. Il parle à cette occasion de la « république des informaticiens[32] ». D'autres réseaux existaient déjà, très aboutis sur le plan technique, comme le réseau SAGE, mis en place dès les années cinquante par l'armée américaine pour parer à une éventuelle menace soviétique[33].

La grande différence avec les nouveaux réseaux est que ces derniers naissent « spontanément » dans les milieux informatiques américains, à la fois comme outil de travail interne et comme support d'un nouveau lien social, porteur de nombreuses promesses et dont on imagine tout de suite qu'il

---

30. Jean-Claude Guédon, *La planète cyber. Internet et le cyberespace*, Gallimard, coll. « Découvertes », Paris, 1996.
31. Christian Huitema, *Et Dieu créa Internet*, Eyrolles, Paris, 1996.
32. Patrice Flichy, « Internet ou la communauté scientifique idéale », *Réseaux*, n° 97, CNET/Hermès Science Publications, 1999.
33. Philippe Breton, *Une histoire de l'informatique*, La Découverte, Paris, 1987 (édition de poche : Seuil, Paris, 1990).

concernera le monde entier, au-delà de l'univers de l'informatique. Patrice Flichy montre bien comment certains « arpanautes » ont une claire conscience de leur mission, comme en témoignent de nombreux textes écrits dans les années soixante-dix : « Nous les membres de la communauté de l'ARPA – et sans aucun doute beaucoup d'autres à l'extérieur – en sommes venus à réaliser que nous avions entre les mains une grande chose et peut-être même un dispositif très important. Il est maintenant évident pour nous que la messagerie sur réseau informatique peut changer profondément tous les modes de communication dans tous les secteurs de notre société, le domaine militaire, celui de l'administration civile, et celui de la vie privée [34]. »

Trente ans après, en écho à ces promesses, Pierre Lévy analysera ainsi cette histoire : « En offrant l'Internet au monde, la communauté scientifique lui a fait le cadeau de l'infrastructure technique d'une intelligence collective qui est sans doute sa plus belle découverte. Elle a ainsi transmis au reste de l'humanité sa meilleure invention, celle de son propre mode de sociabilité, de son type humain et de sa communication [35]. »

Dès 1968, les deux célèbres précurseurs d'Internet, les chercheurs américains Licklider et Taylor (ce dernier étant responsable du département informatique de l'Arpa), affirmaient avec netteté que « dans quelques années les hommes communiqueront de façon plus efficace avec la machine qu'en face-à-face. C'est plutôt inquiétant à dire, mais c'est notre conclusion [36] ».

En 1978, un ouvrage américain au titre évocateur, *La nation-réseau. Communication humaine à travers l'ordinateur*, écrit par Murray Turoff et Starr Hiltz, brosse un tableau de l'avenir auquel nous sommes maintenant habitués : « Quand de tels systèmes seront largement répandus, [...] nous deviendrons une nation-réseau, échangeant d'importants volumes d'informations, mais également de communications socio-émotionnelles avec des collègues, des amis ou des étrangers qui partagent les mêmes intérêts et sont dispersés dans toute la nation [37]. » Dès 1976, le terme d'« intelligence collective » était utilisé dans ces milieux.

L'ambiance de l'époque devait marquer profondément la personnalité de tous ceux qui participaient à l'aventure des nou-

---

34. Cité par Patrice FLICHY, *loc. cit.*, p. 92.
35. Pierre LÉVY, *World philosophie, op. cit.*, p. 90.
36. Cité par Patrice FLICHY, *op. cit.*, p. 87.
37. Cité par Patrice FLICHY, *ibid.*, p. 95.

velles technologies. Ainsi, Steve Jobs, créateur de la société Apple et du Macintosh, avait-il suscité un esprit particulier dans sa société et, au-delà, parmi les utilisateurs de micro-ordinateurs. L'un de ses biographes raconte, après avoir rappelé les différentes étapes de la vie spirituelle de Steve Jobs (voyage initiatique en Inde, adepte du «New Age», puis conversion au bouddhisme zen en 1975), que celui-ci exigeait de ses employés de «s'adapter au moule d'Apple; [...] ils devaient avoir la foi. La volonté d'évangélisation présente chez Steve, sa croyance dans l'aspect bénéfique du rêve qu'il poursuivait, dans le fait que la vérité était du côté des ordinateurs, étaient répandues chez tous les employés. Les gens entraient chez Apple comme ils seraient entrés en religion, et ils devenaient à leur tour les adeptes de cette religion. Il y avait chez eux une ferveur évangélique, ils formaient une secte qui était partie de Cupertino et s'était diffusée dans tout le pays. Si on ne saisissait pas l'esprit de cette religion, si l'on ne tentait pas de pénétrer ses dogmes, on était excommunié[38]».

Une fois que le développement de la micro-informatique et l'accroissement du nombre d'ordinateurs seront suffisants, les bases matérielles d'un vaste réseau permettant de les interconnecter seront jetées. De fait, Internet devait rapidement faire irruption au grand jour, s'immiscer chaque jour un peu plus dans notre quotidien et acquérir la popularité qu'on lui connaît.

Outre sa fonction d'outil, qui constitue, ne l'oublions pas, une des raisons de son développement, il sert de support aux nouveaux fondamentalistes, qui voient dans les nouvelles techniques l'incarnation d'une vision du monde où la forme l'emportera. Le culte de l'Internet va s'appuyer sur tout un univers de croyances que nous allons chercher à mieux comprendre, avant d'en voir les limites et les dangers.

---

38. Young S. Jeffrey, *Steve Jobs*, Éditions Micro application, Paris, 1989.

4

Un univers de croyances

Le culte de l'Internet s'appuie sur un certain nombre de croyances, souvent fortement réductrices car elles ramènent tout, au bout du compte, à un facteur unique. Le point de départ et le centre d'irradiation de ces croyances sont la vision d'un monde dont la seule réalité, la seule vérité, serait l'information.

Le terme « information » est d'une redoutable plasticité. Pour ceux qui l'emploient dans ce contexte, il est l'équivalent du message, de la communication, de la forme ou du modèle. Voir l'information derrière l'apparence des choses et des êtres, ce serait en voir la réalité, valoriser l'information, ce serait en dégager la vérité. Réalité et vérité se mêlent : nous sommes bien dans le domaine de la croyance. L'information est la fois ce que l'on met en œuvre concrètement quand on communique et le but ultime à atteindre.

Comme nous l'avons vu, la nouvelle religiosité vise à la construction d'une nouvelle société, à la mise en place d'un nouveau lien social, dont la finalité serait en quelque sorte d'être un culte rendu à la communication. La société mondiale de l'information peut se définir comme un monde ainsi « transparent à lui-même », qui ferait enfin reculer la violence et constituerait l'idéal ultime de civilisation. Cette notion de « transparence » est essentielle. C'est bien autour d'elle que s'articule la nouvelle religiosité que nous cherchons à caractériser ici.

Un idéal de transparence

L'idéal de transparence constitue en quelque sorte la vision cosmologique du nouveau culte, ce vers quoi l'on tend, l'objet même de la promesse, la nouvelle Jérusalem à laquelle aspirent les « planétaires ». Cette notion de transparence est consubstantielle au culte de l'information. Elle en constitue la traduction immédiate. Elle a des implications à la fois pratiques et spirituelles : elle conditionne l'activité concrète de ceux qui mettent en œuvre les techniques en même temps qu'elle constitue l'idéal d'un monde lumineux, sans tâche, sans entropie. La transparence est, au sein de cette nouvelle mystique, un état que l'on cherche à atteindre. La transparence renvoie à un idéal de lumière, d'harmonie, d'extase. Elle donne l'impression de «passer de l'autre côté du miroir».

Les métaphores solaires

Pierre Lévy, comme beaucoup d'autres dans ces milieux, multiplie les métaphores qui se rattachent toutes à cet idéal: la «lumière», la «clarté», l'«ouverture». Évoquant la recherche de la «lumière impersonnelle» que permettrait la conscience collective, il s'interroge ainsi: «Quelle est la direction de tout ce mouvement? Où va l'évolution? Que veulent les planétaires? Observons bien l'allure du processus: l'interconnexion et l'unification croissante de l'humanité accompagnent l'ouverture de toutes les dimensions[1].»

Philippe Quéau use et abuse également des métaphores qui lient le nouveau monde à la lumière, lorsqu'il évoque par exemple les univers du cyberespace comme «des Babylones non confuses, des jardins suspendus à nos lèvres à nos doigts, des labyrinthes nichés en tout point d'eux-mêmes, en une immense complexité cependant transparente, claire d'accès, cristalline, sans cesser d'être dense, développée, se révélant sans cesse[2]».

Le culte de la transparence, qui voit dans un monde totalement ouvert l'idéal absolu, se rapproche de cette évolution de l'humanité qu'entrevoyait Teilhard de Chardin et qu'il tentait de traduire à travers les notions de «diaphanie», de «bulle transparente», de «clarté laiteuse» et de «chair translucide». D'une façon générale, ce que Jean-Jacques Wunenburger appelle la «rhétorique solaire du regard et de la transparence[3]» est présent dans toutes les grandes religions. Les descriptions de la «Jérusalem céleste» dans différents courants mystiques, juifs, chrétiens ou musulmans, font largement appel à ces métaphores de la lumière et de la transparence: «Ville de lumière célestielle,

---

1. Pierre Lévy, *World philosophie, op. cit.*, p. 21.
2. Philippe Quéau, *Le virtuel, vertus et vertiges*, Champ-Vallon, Seysel, 1993, p. 43.
3. Jean-Jacques Wunenburger, «Regard et transparence, utopie et philosophie», *Quaderni*, n° 40, Éditions Sapientia, Paris, 1999-2000, p. 153.

lieu doté d'une corporéité immatérielle, la Jérusalem céleste ne peut être décrite qu'avec les yeux de l'âme [4]. » Certaines visions du cyberespace ne dépareraient pas dans un tel cadre.

La recherche de l'extase

L'influence de certaines pratiques du New Age, notamment les drogues hallucinogènes, n'est pas toujours étrangère à cette croyance dans la transparence. Voilà comment le biographe de Steve Jobs raconte le processus intellectuel de l'invention du Macintosh au sein de son équipe de recherche : « Pour Steve et d'autres adeptes du LSD de l'équipe Apple, l'expérience du PARC [il s'agit de l'analyse d'une machine construite par Xerox] n'était pas loin de leur première expérience avec l'"acide", lorsqu'ils avaient vu l'intérieur des choses et atteint le satori [un état d'extase mystique], ils avaient devant eux le Tao de la haute technologie. C'était comme ça qu'il fallait construire un ordinateur. Grâce au LSD, ils avaient vu comment l'écorce des choses pouvait être ôtée couche par couche, ils avaient atteint l'être d'une fleur dans son essence même, ils s'étaient introduits dans un morceau de bois. [...] C'était comme si les portes de la perception leur étaient soudain ouvertes, ils passaient au-delà de la frontière interdite. Ils vivaient le test du LSD électronique. Si on parvenait à saisir la pensée qui régissait ces opérations, on entrait dans la danse. Sinon on restait sur la touche [5]. »

L'extase, le « satori » sont ici associés clairement à la recherche de la transparence qui fait voir la réalité des choses, en l'occurrence leur « squelette informationnel ». Voir le réel, c'est voir le modèle du réel caché derrière la matérialité des choses. Le temps de cette perception est souvent vécu comme un temps « sacré ». Beaucoup de témoignages font apparaître deux constantes : d'une part, la sensation d'une contraction du temps que les intéressés disent éprouver lorsqu'ils sont sur le réseau ; d'autre part, le sentiment que durant ce temps ils ont accédé à un vaste monde à part, parfois décrit comme le « vaste monde du dessous des choses ». Le temps passé devant la machine n'a rien à voir avec le temps ordinaire. Il est le temps de l'accès au cosmos.

---

4. *Ibid.*, p. 153.
5. Young S. Jeffrey, *op. cit.*, p. 166.

L'« effet de bulle », qui consiste à se sentir isolé du monde, joue à plein et le temps passé, tel qu'il est ressenti subjectivement dans ces situations, paraît toujours s'écouler beaucoup plus rapidement.

L'autre côté du miroir

Dans un tel esprit – et non dans celui d'un usage d'Internet comme simple outil de communication –, la pratique concrète du réseau passe par un univers de règles qui renvoient toutes à la recherche de la transparence du monde. Les procédures informatiques qu'il faut mettre en œuvre renvoient à un monde d'ordre, un monde où l'on met « de l'ordre dans les choses ». Cette recherche d'ordre mystique peut procurer la sensation curieuse que l'on a accès aux règles fondamentales qui organisent *toutes* choses. Dans un monde conçu comme une lutte permanente de l'ordre et du désordre, et là où la plupart des mortels vivent à la fois dans ce qui se fait et ce qui se défait, les nouveaux mystiques ont l'insigne privilège d'être ceux par qui l'ordre arrive.

L'esprit logique, le sens de l'organisation, la recherche de la transparence ne sont pas uniquement des qualités mentales, mais aussi un mode d'être dans le monde en même temps qu'un moyen de le transformer. Comme les lois de l'organisation sont censées être les mêmes partout, le simple fait d'avoir accès à une petite partie de l'architecture de l'univers ordonné, sous la forme de l'ordinateur et du réseau, peut permettre d'entrer en symbiose avec le cosmos tout entier, du moins avec sa face lumineuse.

Le réseau est donc un point de passage pour accéder à l'autre côté du miroir. On sait que la naïveté apparente du voyage d'Alice « au pays des merveilles » est une manière pour son auteur, Lewis Caroll (qui est avant tout un logicien), d'initier les enfants aux règles de l'univers logique. Le pays des merveilles est un monde d'ordre et de désordre, et les questions impertinentes d'Alice constituent une ligne de partage sûre entre ce qui relève d'un côté de l'information et de la logique, et de l'autre du Mal, incarné par le désordre, le hasard, le manque de cohérence dû au non-respect des règles logiques élémentaires. La quête de la transparence permet bien de passer de l'autre côté du miroir, de voir l'« être des choses ».

La quête de l'harmonie

L'utopie de la cité de verre est souvent celle d'un monde harmonieux, sans secret ni mensonge, sans opposition ni conflit. La notion de transparence, comme le rappelle Gilles Lapouge[6], est aussi une ancienne valeur appartenant à la famille des thèmes utopistes. Dans ce sens, elle renouvelle une ancienne croyance qui veut par exemple que l'harmonie sociale soit dépendante d'une mise à l'extérieur de tous les comportements humains dans une «cité de verre» idéale. Le philosophe italien Gianni Vattimo note à ce sujet que «la société de communication illimitée [...] est une société transparente qui, par la liquidation des obstacles et des opacités, [...] parvient à réduire radicalement les motifs de conflit[7]».

Changer le monde grâce au culte de l'Internet, c'est-à-dire le rendre plus harmonieux, implique de renoncer aux conflits, aux oppositions, à la division, à la critique, aux jeux de pouvoir. Pierre Lévy insiste ainsi longuement sur la nécessité d'une «conscience non divisée» incarnant concrètement (si l'on peut dire) cette vision historique de la montée vers la transparence, cette «citadelle de lumière», nouvelle Jérusalem de l'Internet.

Une valeur d'exclusion

Le thème de la «transparence» revient fréquemment, dans les milieux des nouvelles technologies de l'information, sous des formes plus ou moins vulgarisées. Une transparence en acte d'abord : les ordinateurs, puis les réseaux, nouvelles baguettes magiques, sont censés rendre transparent ce qu'ils touchent. On entend souvent dire par exemple que l'informatique et maintenant Internet sont susceptibles de «rendre l'administration transparente». On entend également ce discours, depuis longtemps, à propos des entreprises. Internet se présente ainsi comme l'outil permettant de lutter contre l'«opacité», antivaleur clé de cet univers.

Cette valeur a aussi fait irruption dans le monde politique. Ainsi, le Premier ministre, Lionel Jospin, déclarait-il le

---

6. Gilles Lapouge, *Utopie et civilisations*, Albin Michel, Paris, 1990.
7. Gianni Vattimo, *La société transparente*, Desclée de Brouwer, Paris, 1990, p. 33.

Un univers de croyances

25 août 1998, lors de l'inauguration de la dix-neuvième université d'été de la communication, que « l'entrée de notre pays dans la société de l'information » correspondait à « plus d'accès au savoir et à la culture, plus d'emplois et de croissance, plus de service public et de transparence, plus de démocratie et de liberté ». La transparence est mise ici au même niveau que d'autres valeurs, jugées fondamentales.

La transparence est un idéal qui sert à valoriser mais aussi surtout à exclure : ce qui est transparent est, par nature, plus évolué, plus avancé. Le « pouvoir », parce qu'il est supposé être rétention de l'information, est du côté du sombre et de l'antique. La « coopération », notion par ailleurs très abstraite, est du côté de la lumière. Les « start-up » sont présentés comme des modèles de sociétés non hiérarchiques où tout est transparent au regard de chacun.

À côté du pouvoir, les lois – et, d'une façon plus générale, la Loi – sont de plus en plus présentées comme un obstacle à la mise en place d'une société mondiale de l'information. Dans le cyberespace, entend-on répéter à foison, il n'y aurait nul besoin de lois, surtout pas des lois nationales ou même internationales.

Pour mener à bien leur mission, qui est d'apporter la lumière, les systèmes informatiques doivent eux-mêmes être transparents. On considérera donc comme antinomique, dans cette perspective, toute volonté de cloisonner les systèmes, de les protéger contre toute « intrusion extérieure ». Un bon système doit être ouvert, c'est-à-dire transparent. La nouvelle religiosité est profondément antagoniste avec les contraintes et les nécessités de ce que les professionnels appellent la « sécurité informatique », qui n'est qu'une variante de la sécurité des biens et des personnes.

Comme on l'entrevoit à partir des quelques exemples qui viennent d'être cités, la poursuite d'un idéal de transparence implique de requalifier négativement tout ce qui est de l'ordre du secret, du caché, du privé, de l'intime, de la profondeur, du non-visible. L'annihilation concrète de ce « non-visible » jugé « opaque » ne peut se faire alors qu'en s'attaquant aux barrières, aux frontières, à tous les cloisonnements qui empêchent la circulation de l'information, l'« interconnexion généralisée » et la transparence finale du monde.

Plusieurs de ces barrières vont être particulièrement prises pour cible et être l'objet d'une volonté de subversion, comme par exemple, pour prendre les plus importantes d'entre elles,

53

celle qui sépare la vie publique de la vie privée, la Loi et la norme juridique, toutes les normes qui gêneraient la «libre circulation» des informations dans les réseaux, et enfin, *last but not least*, le corps, la parole incarnée, comme obstacle à la libre communication.

L'idéal de transparence prend surtout la forme d'un combat contre l'opacité et l'obscurité. La nouvelle religiosité passe dans un premier temps par une vision binaire du monde. D'un côté, l'information, l'ouverture, la Lumière, dans l'autre, la fermeture, l'entropie, le désordre, le Mal. Dans un cas, un mode «solaire» (la planète décrite par Asimov s'appelle opportunément «Solaria»), dans l'autre, celui des ténèbres.

La lutte contre les ténèbres est une lutte concrète, pied à pied, même si ceux qui y participent ne discernent pas toujours l'ampleur et les enjeux du combat. Les uns seront plus concernés par l'abolition de l'«insupportable frontière» entre vie privée et vie publique, les autres plus motivés par le souhait de faire sauter toutes les barrières d'accès aux différentes parties du grand réseau informatique, d'autres, enfin, particulièrement indignés du frein à la libre circulation des idées que constituent la «censure» des lois nationales, l'institution du droit d'auteur, ou, dans un autre domaine, la présence des nombreux médiateurs (enseignants, commerçants, journalistes) qui s'«interposent» entre producteurs et consommateurs.

À chacun son combat, mais tous concourent à l'ouverture et la transparence qui sont les vraies finalités du culte de l'Internet. Nous examinerons successivement, dans la suite de ce chapitre, quatre de ces «taches d'ombre» dont l'effacement est l'objet de toutes les prières des fondamentalistes, et qui concernent toutes, nous le verrons, des aspects essentiels du lien social: la vie privée, la Loi, la médiation et la parole incarnée.

L'idéal d'ouverture, ou le refus de la distinction entre vie privée et vie publique

Un certain nombre d'internautes particulièrement militants et croyants payent de leur personne pour montrer les avantages qu'il y aurait, selon eux, à dissoudre la barrière «traditionnelle» entre la vie privée et la vie publique.

Seule la poursuite de cet idéal très abstrait de la transparence peut expliquer enfin des gestes aussi «décalés» par rapport à nos comportements habituels que ceux qui consistent par

Un univers de croyances

exemple à utiliser Internet pour montrer « au monde entier » sa modeste vie privée. L'actualité récente est pleine d'expériences de ce type. Le journal *Le Monde* a consacré, sous la plume de Yves Eudes, deux pleines pages à une expérience de ce type conduite dans l'Ohio[8].

Le reporter décrit ainsi le dispositif : « La grande maison bleue n'est pas un lieu ordinaire [...]. Tout ce qui s'y passe peut être vu et entendu sur la Terre entière. Erik, l'initiateur du projet Here & Now (ici et maintenant), et ses cinq amis vivent en direct sur Internet vingt-quatre heures sur vingt-quatre. Neuf caméras fonctionnent en permanence dans le salon, la cuisine, la salle de jeux et chacune des chambres à coucher du premier étage. [...] Elles peuvent être déplacées à volonté, pour filmer dans le moindre recoin. Des lampadaires et projecteurs disposés un peu partout fournissent une lumière diffuse, garantissant une image nette, de jour comme de nuit. La prise de son est traitée avec le même soin. »

Nous voilà bien dans la « maison de verre » à laquelle chacun peut avoir accès et même y dialoguer en direct, *via* un canal direct, avec ses occupants. Ceux-ci se prêtent au jeu avec célérité. Ainsi Sharon s'arrange-t-elle toujours pour montrer « son visage en gros plan lorsqu'elle dormira » et, dit-elle, « je fais toujours ça quand je me couche, c'est important, nos visiteurs ont besoin de savoir qui nous sommes, il faut que Here & Now soit une expérience intime [...]. Je considère tous les gens qui se connectent comme mes invités, je leur parle et je prends soin d'eux comme s'ils étaient physiquement parmi nous ».

Découvrant encore plus avant qu'il n'est guère possible d'avoir de conversations privées dans un tel contexte, le journaliste demande à Sharon « ce qu'elle pense de tout cela : le droit à la vie privée ne serait-il en réalité que le droit à l'opacité ? Here & Now va-t-il nous placer sous la surveillance oppressante de notre entourage, ou au contraire nous aider à nous libérer de nos cachotteries ? »

Une dimension morale

La réponse des habitants de la maison de verre est étonnante. Elle nous plonge d'emblée dans un univers de justifications profondes, qui nous éclairent sur la nature de la croyance

---

8. Yves Eudes, *Le Monde*, 28 avril 2000, p. 16-17.

en la transparence que permet Internet. Sharon répond en effet : « Je fais partie de ces gens qui peuvent avoir une conversation intime devant n'importe qui. Je n'ai rien à cacher à mes amis, ni à mes parents. Jamais je ne commettrai un acte qui leur ferait honte, avec ou sans caméra. » Joe, un autre occupant de la maison, qui a, comme le dit Yves Eudes, « opté pour la transparence », renchérit : « Ma vie est simple, je n'aime pas mentir. [...] Ce qui est sûr, c'est que nous sommes les pionniers d'un mouvement qui va s'étendre. [...] Bientôt, beaucoup de gens vivront comme nous, surtout des jeunes. »

La transparence est aussi – surtout ? – une transparence morale : n'avoir rien à cacher, c'est ne pas commettre de péché. Le seul fait qu'un acte, une parole – une pensée ? – soit visible suffit à le dédouaner moralement. Ce qui est caché, quelle qu'en soit la nature, parce qu'il est caché, est assimilable au péché, répréhensible moralement. On mesure ici l'importance du déplacement de valeurs que la nouvelle religiosité opère.

La transparence, c'est aussi l'ubiquité : être ici et là-bas en même temps, en permanence. En attendant l'interconnexion généralisée, le responsable du projet, Erik, imagine dans un premier temps que « si une demi-douzaine de maisons équipées comme celles-ci étaient interconnectées (dans le monde entier), nous pourrions créer un espace à la fois réel et virtuel, complètement inédit. [...] Nous nous verrions et nous entendrions en permanence, comme si nous étions dans une seule et même habitation. La vraie promesse de l'Internet, c'est de pouvoir être en plusieurs endroits simultanément, de vivre plusieurs vies en parallèle ».

Il est curieux de remarquer qu'à aucun moment de l'article Yves Eudes ne pose et ne répond à la question de savoir quelle est la finalité d'un tel projet (on ne connaît d'ailleurs pas ses sources de financement). C'est que sa finalité transparaît tout au long du récit : il ne s'agit rien moins que de mettre en œuvre, concrètement, de la transparence. Mais pourquoi faut-il le faire ? On bute là sur le mur de la croyance, qui ne s'explique pas, ne s'argumente pas, mais se vit, s'éprouve, se prouve elle-même. La transparence est un postulat, un élément de foi.

Cette expérience n'est pas unique. Avant qu'elle existe, les internautes se communiquaient déjà des adresses de sites où, avec des moyens techniques ridiculement faibles (les petites caméras qui se branchent sur le Web et qui permettent d'être vus du monde entier coûtent à peine quelques centaines de francs), certaines personnes avaient décidé désormais de « vivre en public ». On voit bien que l'expression même de « public » est obsolète dans un tel contexte : elle renvoie à une distinction privé/public qui n'a plus cours dans le monde de la transparence.

Le refus de la distinction entre être privé et être public correspond à la croyance dans les vertus d'une vie sociale entièrement collective, où personne n'a rien à cacher. Dans une telle croyance, les personnes sont moins des individus dotés d'une intériorité propre que des « êtres informationnels » collectifs.

La libre circulation et le refus de la Loi

Pour les fondamentalistes d'Internet, l'idéal d'un monde transparent s'incarne dans un « village global », sans frontière, sans Loi, sans contrainte. La « libre circulation » est en effet un leitmotiv chez les « planétaires ».

L'apologie de la transparence pose ainsi, de fil en aiguille, dans ses replis les plus profonds, la question de la Loi et des normes juridiques et sociales. Quelle est la place de la Loi dans un tel système ? La Loi est à la fois l'instance qui régule les conflits et qui guide les comportements. Elle est en même temps droit et morale. Le fondement de la Loi ne nous apparaît jamais clairement. Elle est un tiers caché. Elle suppose la contrainte du tiers qui s'impose à toutes les parties. Pour les fondamentalistes, la Loi est l'antithèse de la transparence.

Le refus de la Loi va ici de pair avec le goût – souvent immodéré – pour la règle, la procédure, l'algorithme, qui décrivent rationnellement un problème et permettent l'« autorégulation » (autre notion clé) de sa résolution. Norbert Wiener pestait régulièrement contre ce qu'il appelait la « faune obscure négativement phototropique des tribunaux » (encore une métaphore solaire !). Il traduisait ainsi dans ses propres termes le sentiment partagé par beaucoup, dans les milieux informationnels, que la Loi et la justice sont arbitraires, livrées au discutable des procédures judiciaires et à la rhétorique de la parole, là où une bonne description du problème en termes d'information permettrait d'apporter des solutions « non arbitraires » et incontestables. Dans le nouveau culte d'Internet, la règle remplace la Loi, et l'autorégulation la norme. L'idéal de résolution du problème reste l'algorithme.

L'attaque contre la Loi, contre l'idée même de Loi prend des formes concrètes, à travers l'affirmation selon laquelle le cyberespace devrait par nature échapper aux « contraintes » des lois nationales ou même internationales. Le cyberespace serait un autre monde où toutes ces vieilleries n'ont plus cours, où l'on pourrait en quelque sorte, pour reprendre une expression qui a fait florès dans les années soixante, « jouir sans entrave » et sans gêner les autres.

Un problème va néanmoins se poser dans cette optique : comment supprimer en même temps la violence et la Loi ? Nous le verrons, la solution à ce dilemme est la séparation sociale, censée supprimer toute sorte de violence tout en limitant le recours à la Loi.

La loi s'applique-t-elle à Internet ?

Depuis l'émergence d'Internet, réunions, séminaires et colloques bruissent de la même interrogation, qui serait invraisemblable dans n'importe quel autre contexte : la loi s'applique-t-elle à Internet ? Il semble que, jusqu'à aujourd'hui, les partisans d'une réponse négative à cette question l'aient largement emporté. Les lois nationales sont jugées inadaptées à cet espace supranational que constitue Internet.

Isabelle Falque-Pierrotin, maître des requêtes au Conseil d'État, en France, remarque que « deux conceptions semblent s'opposer : les tenants de l'interventionnisme des États et de la réglementation classique, et les apôtres de l'autorégulation ». Cette dernière position, dominante, s'appuie sur la « sacralisation aux États-Unis de la liberté d'expression » par rapport au « système latin qui fait appel aux exigences de l'ordre public [9] ».

Il est difficile de mettre l'apologie d'Internet comme espace de non-droit sur le compte de la jeunesse, de la nouveauté ou de l'américanisation du monde (même si celle-ci en est le vecteur). Il s'agit bien d'une prise de position forte, dictée par la croyance en un idéal de « libre circulation systématique » de l'information. Plutôt que de considérer qu'il s'agit là de l'extension impérialiste d'une conception américaine, on peut considérer que les militants de la libre circulation s'appuient fort opportunément sur une particularité américaine qui, au nom de la liberté de la communication, refuse toute intervention de la loi dans ce domaine.

Internet valant de ce point de vue ce que vaut son maillon le plus faible, on a accès, en Amérique du Nord, à toutes sortes de sites, dont le contenu est hors la loi dans différents pays, par exemple des sites exprimant des thèses négationnistes. Mais ce

---

9. Isabelle Falque-Pierrotin, « Quelle régulation pour Internet et les réseaux ? » *Le Monde, Horizons-Débats,* 27 novembre 1999.

dernier exemple ne doit pas être l'arbre qui cache la forêt et il faut se garder de tout amalgame. Même si, pour protéger la liberté de circulation, de nombreux internautes militants sont prêts à héberger de tels contenus si leur diffusion était menacée (et cela s'est vu), ce n'est évidemment pas au nom d'une sympathie pour de telles thèses, mais au nom d'une haine quasi religieuse de la « censure ».

Le refus de la censure

Comme le dit Pierre Lévy, « grâce à la fin de la censure et des monopoles culturels, tout ce que la conscience peut explorer est rendu visible à tous [10] ». N'hésitant pas à recourir à la métaphore religieuse, Negroponte, pour qui « la loi du copyright est complètement dépassée », soutient qu'« il est tout simplement impossible de restreindre la liberté d'émettre [de l'information], pas plus que les Romains n'ont pu arrêter la progression du christianisme, même si quelques courageux diffuseurs d'information risquent de se faire dévorer par les lions de Washington dans le processus [11] ».

La copie pirate et la diffusion la plus large possible de musiques ou de textes par ailleurs protégés par un droit d'auteur sont donc considérées comme une nécessité absolue et un véritable devoir moral par tous ceux qui défendent les vertus de l'ouverture des réseaux. « Les droits d'auteur survivront-ils à Internet [12] ? » La question est tout sauf théorique. On serait tenté d'ajouter : « Les auteurs survivront-ils à Internet ? » Même en Europe, les États sont divisés sur la nécessaire défense de ces droits, la France restant finalement très isolée. Pourtant Viviane Reding, commissaire européen chargée de ce dossier, admet que « si on ne fait rien, on peut aller à la catastrophe. C'est ce qui s'est passé avec la musique sur Internet avec une multiplication des copies pirates. Il faut absolument éviter de faire la même chose avec le livre ou le film [13] ».

Le refus du droit d'auteur implique – ce point est rarement souligné – un jugement de valeur plus vaste sur la nature de l'œuvre elle-même. L'ethos des fondamentalistes implique en

---

10. Pierre Lévy, *World philosophie, op. cit.*, p. 175.
11. Nicholas Negroponte, *L'homme numérique, op. cit.*, p. 76.
12. Voir l'article de Véronique Mortaigne et Nicole Vurser, « La difficile défense des droits d'auteur sur Internet », *Le Monde*, 31 mai 2000, p. 23.
13. Entretien avec Nicole Vurser, *Le Monde*, 31 mai 2000, p. 23.

effet que la valeur d'une œuvre soit liée à son potentiel de communication et d'ouverture. Un auteur qui se placerait dans la position de réclamer un droit d'accès verrait son travail immédiatement disqualifié de ce simple fait, là où la «vraie» création se reconnaîtrait au fait qu'elle est ouverte. Moins que jamais, c'est le contenu qui compte, au profit de la capacité de la forme à se déployer.

Ainsi les textes qui circulent sur Internet, censés être potentiellement porteurs du «savoir mondial», sont-ils de plus en plus fragmentés – pour répondre aux exigences de l'interactivité – et de moins en moins référencés. Cette tendance semble se reporter aussi sur les auteurs issus du milieu des nouvelles technologies de l'information, qui n'hésitent plus, comme Pierre Lévy, à écrire un livre tout entier, où l'influence directe de nombreux auteurs est bien visible, sans pratiquement aucune citation, référence ou note. Le principe est sans doute que, pour que les idées soient «ouvertes» et circulent le plus librement, il n'est plus nécessaire de les affubler du «boulet» que constituerait la mention de leurs auteurs.

Ce recadrage des comportements de beaucoup d'internautes, qui se mettent ainsi dans l'illégalité de fait, en copiant et en diffusant des disques, des livres, des logiciels, évite de les voir comme des délinquants volontaires et profiteurs, alors qu'ils se situent eux-mêmes dans une situation hautement morale à leurs yeux.

On trouve ainsi partout ce qui constituerait autrement de véritables appels à la délinquance, comme dans la très officielle revue de Yahoo!, *Internet Life*, qui titre dans sa livraison de mars 2000 : «La toile grille les disquaires, des albums à récupérer sur le Net bien avant leur sortie», et signale que le «dernier jeu à la mode pour les mordus du format MP3» (qui permet de télécharger de la musique sur Internet) est de «se procurer des albums bien avant leur arrivée chez les disquaires». Et de citer des exemples de groupes (Oasis, Smashing Pumpkins) dont les copies pirates «ont fait leur apparition sur les serveurs, en toute illégalité[14]». L'article est rédigé sur un ton qui ne laisse aucun doute sur la sympathie que l'auteur éprouve vis-à-vis de telles pratiques.

Il n'est par ailleurs pas difficile de trouver l'adresse des serveurs en question. Cette culture de la libre circulation est telle

---

14. Sous la signature B.G., *Yahoo! Internet life*, mars 2000, p. 15.

que même les vendeurs des rayons informatiques de certaines grandes surfaces ne se font pas prier pour donner l'adresse de sites où l'on peut télécharger – gratuitement bien sûr – certains logiciels qu'ils vendent par ailleurs dans leurs rayons... Comme le dit Negroponte, «nous allons voir apparaître un nouveau type de fraude qui ne sera même pas forcément de la fraude[15]».

Le piratage : un culte secret

Aucune des catégories habituelles de la criminologie classique ne s'applique pour comprendre le comportement des «pirates» qui régulièrement attaquent des sites sur Internet. Ainsi, décrivant les raids assez efficaces qui ont pris pour cibles au début de l'année 2000 de grands sites comme Amazon ou Yahoo!, Laure Belot et Enguérand Renault notent que pour «les porte-parole de ces sites, [...] les attaques n'ont pas pour objet de s'introduire dans les systèmes informatiques pour pirater des données confidentielles : aucun numéro de carte de paiement n'a été détourné, aucun fichier confidentiel n'a été violé[16]». Seul le culte actif de la transparence, de l'ouverture, de la suppression du secret explique de tels comportements (même si, bien sûr, de véritables délinquants, indifférents à cette mystique-là, opèrent sur le réseau et utilisent Internet comme un outil, de la même façon que les monte-en-l'air du début du siècle apprenaient la serrurerie).

Le piratage est bien la dimension secrète du culte de l'Internet, l'activité de ceux qui se cachent pour rendre le monde plus transparent. Les biographies de pirates sont rares. Elles nous livrent toujours à peu près les mêmes profils : la «fascination du secret». «J'ai toujours tout ouvert, raconte l'un d'eux à Pascale Nivelle, les jeux vidéo, les aspirateurs – un aspirateur on peut le démonter jusqu'au dernier boulon, tout le monde s'en fout, mais pas un terminal de paiement.» Celui qui a cassé les codes des cartes bleues en 1999 ajoute, en guise d'autoportrait : «Je n'ai d'état d'âme sur rien, comme un moteur qui ronronne. Je m'auto-éduque tout le temps. Je range tout, mes vêtements, mes idées ! Ça vous aide vraiment à vivre ce genre de truc[17].»

---

15. Nicholas Negroponte, *L'homme numérique, op. cit.*, p. 81.
16. Laure Belot et Enguérand Renault, «Les attaques sur le Net ébranlent la nouvelle économie», *Le Monde*, 11 février 2000.
17. Pascale Nivelle, *Libération*, 25 février 2000.

Les biographies des passionnés d'Internet font souvent ressortir ces deux traits, bien au-delà du monde des « pirates » : d'une part, ils ont un goût prononcé et précoce (souvent dès l'enfance) pour les choses et surtout les objets matériels, goût qui se traduit précisément par une volonté de démonter ces objets, de les rendre transparents au regard pour en comprendre le fonctionnement ; d'autre part, les futurs ingénieurs ont généralement une personnalité socialement invertie, c'est-à-dire une tendance à ne pas chercher outre mesure le contact avec autrui. De ces deux points de vue, nos pirates sont bien à l'image du monde des croyants d'Internet.

Comment doit-on considérer les virus ? Là aussi, c'est bien l'univers de croyance qui se développe autour d'Internet qui permet de voir autre chose qu'une aberration, ou le support d'actes gratuits de pure délinquance. La réalité est plus complexe. Si l'on analyse les virus en tenant compte du paradigme que nous décrivons ici, nous découvrons que les virus n'y existent pas comme produit spécial ou marginal : ce sont des programmes comme les autres, plutôt même plus proches de la normalité que les autres programmes. En effet, le virus – techniquement c'est un petit logiciel – est le prototype du programme qui circule le plus facilement et qui est fait pour circuler quelles que soient les barrières qu'on lui oppose. Du point de vue de la croyance dans la circulation la plus libre qui puisse être, c'est le meilleur logiciel qui soit.

Une enquête réalisée il y a quelques années dans le milieu des informaticiens montrait un très faible attachement des professionnels de ce milieu aux valeurs de la sécurité informatique, et en revanche un fort investissement dans la croyance selon laquelle « les systèmes d'information doivent rester le plus ouverts possible [18] ».

Les fondamentalistes d'Internet ne sont donc pas hostiles à la Loi, ils estiment tout simplement que celle-ci n'a pas cours chez eux. Ils ne s'y opposent pas au nom d'une quelconque révolte, ils lui dénient toute pertinence pour permettre le lien social.

Certains d'entre eux, peu satisfait de la tournure que prend Internet, imaginent depuis peu construire un autre réseau. Selon Yves Eudes, un jeune informaticien anglais, Ian Clarke, s'apprête

---

18. Philippe BRETON, « L'informaticien et la sécurité : enquête sur un antagonisme », *Les cahiers de la sécurité intérieure*, Paris, 1996.

à concevoir un sous-réseau «capable de garantir la liberté d'expression mieux que le Web». «Ma philosophie est simple, explique-t-il, j'estime que toute censure est néfaste, sans exception, quelles que soient les intentions de départ. La liberté d'expression doit être absolue.» Elle concerne «tout ce qui est numérisable» dans le monde, y compris la musique: «Les musiciens qui essayent d'empêcher le libre recopiage de leurs œuvres perdent leur temps, ils n'ont pas compris la dynamique du réseau [19].» Déjà une rumeur circule depuis un certain temps: sous Internet se dissimulerait un autre réseau, où, en secret, tout le monde serait libre... Quel paradoxe pour un monde de transparence!

Une communication directe, ou le refus de la médiation

Cette croyance dans les vertus d'un univers désincarné et collectiviste implique qu'à l'intérieur du «nouveau monde» l'information circule sans contrainte. Nous avons vu que la loi, la norme constituaient une forme d'«opacité» particulièrement rejetée. Il y a d'autres obstacles à une communication qu'une autre croyance solidement enracinée veut la plus «directe» possible. Toute forme de «médiation» est vécue comme insupportable dans cet univers du «point à point». Les médiateurs, comme intermédiaires, sont un frein à la circulation de l'information et à la transparence du nouveau monde. Au moins quatre grands secteurs illustrent cette croyance: le commerce, l'éducation, l'information médiatique et la politique.

Dans ces quatre cas, le goût pour la transparence et l'ouverture sans limite se conjugue avec des réalités concrètes où sont dénigrées des professions entières, accusées de «résister au changement» et de faire partie du «vieux monde». Leur disparition rapide est appelée comme un progrès.

Le commerce électronique

Dans le domaine du commerce, comme ailleurs, on retrouve une partition entre l'Internet outil ou l'Internet culte. Les nouvelles technologies de l'information n'ont pas inventé la vente par correspondance, même si on peut s'attendre à ce qu'elles

---

[19]. Yves EUDES, *Le Monde*, 29 mai 2000, p. 37.

modernisent le genre. Le réseau peut être un formidable outil pour cette forme originale de commerce, adaptée à certains goûts ou à certaines situations.

Mais le culte de l'Internet place la question du commerce dans une tout autre perspective, sans commune mesure. En résumé, pourquoi ne pas tout acheter depuis chez soi ? Pourquoi, alors que tant d'occasions de rencontre « en esprit » existent, perdre son temps à un déplacement corporel inutile, dont une partie est consacrée à nourrir un corps « surnuméraire », pour reprendre l'expression de David Le Breton ?

À cette raison profonde, articulée sur la croyance en l'inanité de la rencontre physique, s'ajoute une autre raison, tout aussi fondamentale : plus le commerce est direct, sans intermédiaire, plus le jeu est supposé ouvert et profitable. On retrouve là la matrice initiale de la transparence, l'« intermédiaire », surtout l'intermédiaire physique, représentant la pire opacité qui soit.

Dans le domaine du livre par exemple, la librairie est particulièrement visée, comme lieu physique où l'on peut choisir, se faire conseiller, acheter ou commander quand le livre n'est pas là. Face à cela, on fait miroiter à l'internaute toutes les possibilités qu'offre le « libraire en ligne ». Or celui-ci se réduit à la fonction de commande d'ouvrages, même si s'y ajoute la possibilité de livraison à domicile.

L'enseignement

Les plus radicaux n'hésitent pas, dans le domaine de l'éducation, à défendre l'idée selon laquelle, puisque tout le savoir est potentiellement « en ligne » et disponible sur Internet, l'enseignement classique devrait rapidement disparaître.

Le rôle de l'enseignant tend à passer d'un face-à-face pédagogique à un côte-à-côte devant l'écran. Pour le secrétaire général du SGEN-CFDT, l'un des principaux syndicats d'enseignants en France, les enseignants vont se transformer en « ingénieurs du savoir, en organisateurs du processus d'acquisition des connaissances [20] ». Cette vision implique une transformation radicale du rôle actuel du professeur et la fin prochaine de son rôle d'intermédiaire du savoir.

Françoise Thibault, chargée de mission à la Sous-Direction de la technologie au ministère de la Recherche français, estime

---

20. Cité par Michel ALBERGANTI, *Le Monde*, 8 décembre 1999, p. 29.

Un univers de croyances

que « l'intérêt de la formation à distance est de répondre à une demande sociale et de changer l'université en termes d'ingénierie éducative [21] ». On assiste de fait à un changement de perspective où le vocabulaire de l'ingénieur remplace celui du pédagogue et où le lexique libéral remplace celui du service public. Le « marché de l'éducation » est estimé à 90 milliards de dollars en 2005 et le premier « World Education Market » (WEM) qui s'est tenu à Vancouver, du 24 au 27 mai 2000, a réuni trois mille professionnels.

Comme le dit crûment le responsable de la formation continue à l'UTC (université de technologie de Compiègne), Claude Moreau, en parlant de l'enseignement à distance : « Nous sommes actifs, mais nous restons marqués par notre culture de service public. Nous n'avons pas admis que la formation est un business [22]. »

Pourquoi rester ensemble dans des lieux de formation appelés écoles, lycées, universités ? Cet « archaïsme » doit céder la place à la promesse qu'offrent les réseaux (« plus de savoir »), à condition de nous séparer et de renoncer à ces institutions de la rencontre. Cette révolution ne concernera pas uniquement les lieux d'où est dispensé le savoir, mais les savoirs eux-mêmes, transformés du fait d'être « en ligne », à moins que cette mise sur le réseau ne soit le prétexte à des changements plus profonds. Les représentations du savoir, ainsi conditionné et formaté au sein d'une unique dimension informationnelle, le rapprochent d'un idéal encyclopédique, où des unités séparées sont combinables et recomposables à l'infini.

Ainsi, exprimant et théorisant à merveille le point de vue des « nouveaux marchés de l'éducation » qui prônent le développement tous azimuts du « savoir en ligne », Pierre Lévy annonce que, bientôt, « il y aura de plus en plus de concurrence entre les universités en ligne et les locales, puis entre les universités en ligne quand beaucoup d'universités locales auront été obligées de fermer [...]. Il est également possible que les universités planétaires, après une série de rachats et de fusions, ne se retrouvent plus que quatre ou cinq dans le monde, comme les groupes de communication, d'automobiles ou d'assurance [...]. Elles automatiseront leurs systèmes de passage d'examen [23] ».

---

21. Cité par Sandrine BLANCHARD, « Le premier marché mondial de l'éducation s'est ouvert à Vancouver », *Le Monde*, 26 mai 2000.
22. *Ibid.*
23. Pierre LÉVY, *World philosophie, op. cit.*, p. 96.

Entre le producteur de savoir, de plus en plus multiple et éclaté, obéissant aux règles de la «conscience collective», et le consommateur, nul besoin d'intermédiaire. L'école en ligne dispense de la nécessité de la rencontre avec un médiateur désormais inutile et également avec d'autres apprenants. Le côte-à-côte devant l'ordinateur, après le face-à-face «traditionnel», cède la place au «seul-à-seul» avec l'écran.

Le nouveau journalisme

Ce processus de déqualification des intermédiaires joue également dans le domaine de l'information médiatique. L'idéal de transparence et de libre circulation implique que diminue et soit *in fine* supprimé cet obstacle à la clarté des faits que représentent le journaliste et son journal.

Le culte de l'Internet fait émerger un «nouveau» journalisme, qui n'a plus grand-chose à voir avec l'actuel. Comme l'auteur d'un article du *New York Time* le fait remarquer, «ce qui intéresse les journalistes aujourd'hui n'est plus de remporter le Pulitzer mais d'accroître le nombre de connexions sur leurs sites Internet[24]». L'objectif, conformément aux canons de la nouvelle religiosité, est de «favoriser l'interactivité». Comme le dit un ancien rédacteur en chef du quotidien *La Tribune*, passé du côté de l'«e-journalisme», Paul-André Tavoillot : «Si tout le monde montre son site, à terme la différence se jouera sur la capacité à créer une connivence avec une communauté d'internautes[25].»

La qualité de l'information ne tient plus à son caractère référentiel (le vieil idéal d'objectivité), mais à sa capacité à circuler rapidement et à être la plus interactive possible. Ainsi, l'un des premiers créateurs de journal sur Internet, l'Américain Matt Drudge, s'est-il rendu fameux en lançant le premier des informations sur les relations entre un président des États-Unis et une de ses employées, sans les avoir vérifiées et au nom du principe selon lequel le public était assez grand pour faire lui-même la part des choses : «Je préfère tout faire moi-même, dit-il, pouvoir dire ce qu'on veut, appuyer sur une touche, et ça y est. Ce serait stupide de renoncer à ça[26].»

---

24. Cité dans *Libération*, 16 février 2000, p. 24.
25. *Ibid.*
26. Cité par Ignacio RAMONET, *La tyrannie de l'information, op. cit.*, p. 81.

Un univers de croyances

De toute façon, comme le commerçant ou l'enseignant, le journaliste comme médiateur est appelé à disparaître dans un tel système : le développement des techniques de surveillance de l'espace public permet à chacun de voir le réel directement, sans intermédiaire. Déjà, dans certaines cités, comme à Mulhouse, en France, le public a accès aux écrans des systèmes de vidéo-surveillance mis en place dans les quartiers. Dans la cité de verre, on peut désormais tout voir en direct, sans intermédiaire et sans risque.

La représentation politique

Dernier domaine exemplaire du refus des médiateurs comme obstacles à la transparence et à la libre circulation, les hommes politiques, en tant qu'ils sont représentants de l'opinion. Conforme à un certain idéal de communication directe et sans entrave, la vision politique du nouveau monde en fait systématiquement une « démocratie directe ». La démocratie représentative est ainsi jugée non conforme à l'esprit de la nouvelle religiosité.

Nous avons déjà vu qu'un des atouts d'Internet était de pouvoir rendre l'administration « transparente ». Pour Jean-Noël Tronc, le conseiller ès nouvelles technologies de l'information du Premier ministre français, le réseau est le seul moyen de réformer l'administration. Et beaucoup de partis politiques jouent la carte de la « transparence », à l'instar du Parti communiste français, comme signe de modernisation de leurs activités.

Bien au-delà de ces usages concrets d'un nouvel outil, de cette « webmania qui bouscule la politique [27] », se profile, plus radicalement, une contestation de la politique dans ses formes actuelles. Le grand collectivisme des esprits que permettrait Internet autoriserait des formes directes, rapides, interactives de décision qui rendraient caduque la représentation politique.

L'apologie de l'esprit, ou le refus de la parole incarnée

La recherche de la transparence et la vision informationnelle du monde atteignent en premier lieu l'homme, dans son essence même, avant de le concerner dans son être en société. Une partie

---

27. Raphaëlle Bacqué, *Le Monde*, 3 avril 2000, p. 6.

importante de l'effort intellectuel mis en œuvre par les fondamentalistes d'Internet consiste à construire et à imposer une nouvelle représentation de l'homme.

Celle-ci est à la fois regard sur ce qu'il est aujourd'hui et sur ce qu'il devrait advenir demain. L'être humain est redéfini comme un « être informationnel ». L'influence de Norbert Wiener, d'Alan Turing et des premiers cybernéticiens est ici immense. Le nouveau regard qu'ils portent sur l'homme va largement contribuer à définir le portrait idéal de celui qui, parce qu'il s'adonne résolument à la pratique d'Internet, va exalter ce qu'il y a de meilleur, de plus ouvert en lui.

Cette nouvelle représentation de l'homme passe donc par un décentrement par rapport aux représentations et aux pratiques usuelles. Elle valorise trois traits essentiels, la comparabilité entre l'humain et la machine, l'interactivité et le privilège donné à l'esprit au détriment du corps et de l'intériorité. C'est bien un « homme nouveau » qu'il s'agit de valoriser et de construire, plus transparent et plus lumineux que l'ancien.

La comparabilité entre l'homme et la machine

Nous avons vu au chapitre précédent combien cette question de l'équivalence générale entre les hommes et les machines que permettrait une description en termes informationnels jouait un rôle fondateur dans le nouveau culte de l'information. Cette possibilité d'un pont jeté entre l'homme naturel et ces êtres artificiels que sont les machines est un ancien projet, qui s'inaugure avec le mythe de Galatée et Pygmalion, puis continue sous la forme du golem et des nombreux automates, robots, intelligences artificielles et autres cyborgs.

Derrière ce thème des créatures artificielles, que nous avons analysé dans un ouvrage précédent [28], se profile l'idée que l'homme n'est pas au centre de l'univers, que d'autres sortes d'humanités sont possibles, à partir de supports différents de celui du corps humain. Cette vision très générale fait de l'homme sinon l'égal – cette possibilité est entrevue pour bientôt –, du moins le partenaire symétrique des ordinateurs et autres dispositifs informatiques. Tous peuvent ainsi prétendre à la complexité, à la conscience et à l'esprit. Se posant lui-même comme « technoprophète des intelligences artificielles et de la robo-

---

28. Philippe Breton, *À l'image de l'Homme*, op. cit.

Un univers de croyances

tique », Hugo de Garis, professeur au Starlab à Bruxelles, affirme même que « l'humanité va devoir statuer sur l'opportunité ou non de produire des machines massivement intelligentes, qui nous seront immensément supérieures [29] ».

Si la pensée est un « programme », comme le soutiennent nombre d'informaticiens, par exemple Herbert Simon, elle n'est pas dépaysée dans l'univers des programmes informatiques qui peuplent Internet et qui en sont la matière même. Programme parmi les programmes, l'homme peine parfois à distinguer si celui à qui il s'adresse sur le réseau est un autre être humain ou un logiciel d'ordinateur. Nous sommes là au cœur de la fameuse « preuve » que le mathématicien anglais Alan Turing entendait apporter du fait que les machines peuvent « penser ». Le test de Turing, mis au point au tout début des années cinquante, est un dispositif qui inaugure déjà l'idée d'intelligence en réseau, voire d'intelligence par le réseau.

Ce test, que Turing appelle le « jeu de l'imitation [30] », consiste en un dispositif où un interrogateur, sans contact physique direct avec eux, s'adresse à deux partenaires séparés dans deux pièces distinctes en leur posant toutes sortes de questions. Si l'interrogateur n'arrive pas à distinguer de différences entre les deux, alors ils sont fondamentalement similaires. La première version du test s'appliquait à la distinction entre un homme et une femme, la deuxième entre un humain et une machine, en l'occurrence un ordinateur. Turing était persuadé que, rapidement, l'ordinateur ne serait pas distinguable d'un être humain à ce jeu.

Derrière ce test, se profile un point de vue plus fondamental, que rappelle le biographe de Turing, Andrew Hodges : « La machine à états discrets (l'ordinateur), communiquant par le seul biais du téléscripteur, semblait représenter pour Alan un idéal de vie : rester tout seul enfermé dans une pièce et traiter avec l'extérieur sur des bases uniquement rationnelles [31]. » Cet « idéal de vie » nous montre que la pensée du réseau, de l'homme fait pour le réseau est bien antérieure à sa réalisation concrète. Imaginons un seul instant que l'idéal de vie de Turing

---

29. Hugo DE GARIS, « Fracture idéologique », *Le Monde interactif*, 5 juillet 2000.
30. Alan TURING, « Les ordinateurs et l'intelligence », *in Pensée et machine*, Champ-Vallon, coll. « Milieux », Seysel, 1983.
31. Andrew HODGES, *Alan Turing ou l'énigme de l'intelligence*, Bibliothèque scientifique Payot, Paris, 1988, p. 361.

se réalise dans sa plénitude : cela signifie que, comme les hommes ainsi repliés sur eux-mêmes ne sauraient jamais avec certitude s'ils s'adressent à un homme ou à une machine, les machines intelligentes ne sauraient jamais si elles s'adressent à un homme ou à une des leurs...

L'homme et la femme, l'humain et l'ordinateur, tout cela pour Turing, qui exprime aussi bien la pensée des premiers informaticiens que celle des actuels fondamentalistes d'Internet, relève au fond d'une même catégorie, que nous avons appelée l'« androgyne informationnel », l'être d'avant la séparation, l'être idéal aussi de la « réunion » que va permettre l'« interconnexion généralisée ».

Le privilège donné à l'esprit et le refus du corps

Remarquons une fois de plus que la constante de ce culte de l'être informationnel, à la fois condition *sine qua non* et prix à payer, est le rejet du corps. Comme l'analyse David Le Breton, le corps est une cible privilégiée de la « cyberculture » : « Une religiosité de la machine s'impose sur le fond d'un dénigrement de l'homme et d'un mépris de la condition corporelle qui lui est inhérente [32]. »

Le corps constitue bien ce reste noir, cette source d'entropie qui vient en permanence retenir l'esprit : « La navigation sur le Net ou la réalité virtuelle donnent aux internautes le sentiment d'être rivés à un corps encombrant et inutile, qu'il faut nourrir, soigner, entretenir, etc., alors que la vie serait plus heureuse sans ces tracas. La communication sans visage, sans chair favorise les identités multiples, la fragmentation du sujet engagé dans une série de rencontres virtuelles pour lesquelles il endosse à chaque fois un nom différent, voire un âge, un sexe, une profession choisis selon les circonstances. La cyberculture est souvent décrite par ces adeptes comme un monde merveilleux ouvert aux mutants qui inventent un nouvel univers, ce paradis est nécessairement sans corps [33]. »

Dans plusieurs récits de science-fiction, comme par exemple le fameux *Neuromancien* [34] de William Gibson, les héros déchus sont condamnés à « réintégrer leur corps » et à quitter le lieu où

---

32. David Le Breton, *L'adieu au corps, op. cit.*, p. 190.
33. *Ibid.*, p. 18.
34. William Gibson, *Neuromancien*, La Découverte, Paris, 1985 (édition de poche : J'ai lu, Paris, 1985).

Un univers de croyances

les esprits sont en réseau et en interconnexion permanente. L'oubli ou le déni du corps renvoie à un thème récurrent de l'histoire des créatures artificielles, celui de l'imperfection. Si l'on met en chantier un être « à l'image de l'homme », c'est que celui-ci est imparfait, fragile, mortel, là où la nouvelle créature constituerait un progrès immense de ce point de vue. Débarrassé de sa matérialité, de l'opacité de son corps, le nouvel être pourrait ainsi progresser plus sûrement vers la Lumière.

Mais là où la tradition des golems, automates et autres robots opposait le corps humain à la possibilité d'un autre corps où l'esprit se déploierait mieux, la nouvelle religiosité introduit une nouveauté importante. L'automate classique est lié à une conception individualiste de l'humain; c'est pourquoi il est anthropomorphe. Le réseau intelligent incarne une figure plus en rapport avec le collectivisme du nouveau culte.

Mieux encore, c'est parce qu'il est source d'individualité que le corps est considéré comme un obstacle à la réunion des esprits dans un même ensemble informationnel. « En fait, nous dit Pierre Lévy dans une formule forte, les idées circulent en nous, nous sommes leurs véhicules, même si nous avons l'impression que nous les pensons[35]. » Cette conception, largement inspirée de Teilhard de Chardin et dont le mysticisme est évidemment le cœur vivant, est toutefois mâtinée d'orientalisme, en particulier d'inspiration bouddhiste. L'esprit, une fois qu'il peut être dégagé du pesant dualisme corps/esprit, est voué à un autre destin : « On est d'autant plus intelligent que les formes captées sont universelles, impersonnelles. Autrement dit, plus l'esprit est vide (vide d'ego ou de partialité) et mieux il peut capter les formes. Jusqu'à la forme universelle par excellence, celle qui n'a pas de forme et qui les contient toutes[36]. » La recherche du « vide de la pensée » s'inscrit dans la « voie de la délivrance » ouverte par le Bouddha, délivrance du corps mais aussi, on l'oublie trop souvent, de l'esprit.

L'individualité, l'intériorité, la parole, « chargée d'intentions particulières, messagères de valeurs personnelles », qui, selon Georges Gusdorf, n'intervient pas pour faciliter les rapports humains mais « les constitue[37] », n'ont guère de place dans le culte de l'information et de la transparence. Au regard de cette

---

35. Pierre Lévy, *World philosophie*, *op. cit.*, p. 191.
36. *Ibid.*, p. 212.
37. Georges Gusdorf, *La parole*, PUF, Paris, 1952, p. 5-7.

apologie de la lumière, la vieille métaphore de l'intériorité, cet espace intérieur en partie caché à l'individu qui le porte et qui, de saint Augustin à Freud, détermine ses gestes essentiels ne trouve aucune grâce.

La transparence, comme croyance, est une subversion de l'axe intériorité/extériorité. Il peut bien y avoir, en apparence, un extérieur visible et un intérieur caché, mais dès lors que tout est connaissable, l'intérieur passe toujours potentiellement à l'extérieur : il est retournable « comme un gant ». Qu'est-ce que l'homme ? Un être tout entier tourné vers l'extérieur, « phototropique » et qui ne se réalise qu'en quittant l'imaginaire de la crypte individuelle.

L'interactivité, ou le refus de la parole incarnée

Dans ce contexte, le statut de la parole constitue un enjeu fondamental. Celle-ci ne va se concevoir que purgée de certaines de ses dimensions essentielles, notamment celles qui la rattachent à l'intériorité. La notion clé est ici celle d'« interactivité », largement utilisée pour désigner un idéal pratique : tout doit être « interactif » et ce qui ne l'est pas est voué aux gémonies.

Un exemple entre mille, le « nouveau rapport » à la musique que les nouvelles technologies permettent : « Nous sollicitons les musiciens, dit Graham Browne-Martin, en leur demandant d'aller vers une communication élargie. La nouvelle génération n'a plus la même approche des médias, elle a grandi avec la vidéo, avec les jeux interactifs, avec les chaînes multiples et le zapping. Elle ne veut pas rester captive, elle veut participer, engager son esprit. La musique est une expérience passive, et si on veut lui rendre son pouvoir d'attraction, il faut donner du pouvoir à l'auditeur, lui permettre de contrôler son environnement[38]. »

Ce texte renferme quelques-uns des lieux communs qui servent à décrire l'interactivité. D'abord une disqualification : la musique, jusque-là, n'était qu'une « expérience passive ». C'est bien l'imagination et l'écoute intérieure qui sont visées ici, comme autant de signes de passivité. Ensuite une valorisation : la capacité à intervenir activement sur le message reçu comme constituant en partie ce message.

Le mécanisme technique qui se loge derrière la notion abstraite d'interactivité est une notion bien connue des spécialistes

---

[38]. Entretien donné au journal *Libération*, 29-30 janvier 1994.

de l'information : le feed-back, la «rétroaction» mise en évidence sur le plan théorique par Wiener. La parole humaine, l'activité humaine en général sera ainsi redéfinie comme une «réaction à une réaction» selon le mot du cybernéticien Gregory Bateson, ou, selon le mot de Pierre Lévy, «le sismographe ultrasensible d'une société de sismographes qui s'entrecaptent [39] ».

Il manque à cette parole purement informationnelle les deux autres dimensions de la parole, qui sont ici exclues : la capacité expressive et la capacité argumentative, toutes deux reliées à l'individualité et à l'intériorité, à la singularité d'une opinion ou d'un regard sur le monde. Mais, pour les fondamentalistes d'Internet, cette perte est toute relative, puisque, comme le dit avec le mérite de la franchise Pierre Lévy : «L'illusion de la pensée individuelle est l'"idiotie" par excellence. [...] L'individu est une articulation intermédiaire, transitoire, certainement pas plus importante que l'espèce, la culture, la lignée, la situation, le moment. [...] L'illusion du moi est un "truc" de la sélection naturelle, fort utile à la reproduction de notre espèce dans son environnement préhistorique, mais qui a perdu maintenant une partie de son utilité [40]. »

Comme en écho, Timothy Leary indiquait que, «dans un avenir proche, l'homme tel que nous le connaissons aujourd'hui, cette créature périssable, ne sera plus qu'une simple curiosité historique, une relique, un point ridicule perdu au milieu d'une inimaginable diversité de formes [41] ». On ne saurait être plus net.

La notion d'interactivité sert à désigner en fait un ensemble de pratiques que leurs auteurs appelleraient «collectivistes» s'ils n'avaient pas peur des connotations négatives acquises par ce mot depuis les dérives du communisme. L'interactivité permet la «continuité communicationnelle» et situe chaque acte non plus en référence à une alternance de regard intérieur et de confrontation sociale, mais bien comme pris dans un entremêlement permanent où le collectif ne laisse plus aucun interstice à l'individu.

C'est bien à cela que le rêve mystique de Teilhard de Chardin aboutissait, sans qu'il ait encore la possibilité d'imaginer concrètement comment les choses se passeraient. Ce dernier n'était pas loin d'Internet lorsqu'il imaginait dans les années cinquante

---

39. Pierre Lévy, *World philosophie, op. cit.*, p. 46.
40. *Ibid.*, p. 201.
41. Timothy Leary, cité par David Le Breton, *op. cit.*, p. 215.

une «noosphère, machine à penser immense», où la personnalité ne vivrait pas isolée, mais formerait un «super-organisme». Le grand mystique ajoutait: «La collectivisation se tisse peu à peu, elle est irrésistible parce qu'elle exprime l'aspiration humaine vers plus de conscience [42].»

Mais le prix de l'interactivité, du nouveau collectivisme auquel aspirent pratiquement nombre d'internautes est, comme nous le verrons plus loin, le renoncement majeur à la rencontre, à la présence physique, à l'échange d'une parole incarnée.

---

42. Cité par Georges MAGLOIRE et Hubert CUYPERS, *Teilhard de Chardin*, Éditions universitaires, Paris, 1964.

5

Les appuis de la nouvelle religiosité

Comment ce point de vue fondamentaliste, cette véritable mystique de l'information, de la communication, du message et de la transparence sociale se sont-ils diffusés si rapidement et si massivement dans notre société ? La première raison de ce succès tient au fait que la nouvelle religiosité prend appui – en même temps qu'elle contribue à son développement – sur ce qui apparaît, de l'avis général, comme un bon outil.

Internet est en effet une innovation, dans le domaine des techniques de communication, qui s'inscrit dans le prolongement de ces grands moments que furent l'invention de l'écriture et celle de l'imprimerie. Bien qu'ils ne soient pas dénués de rigidité et de limites sévères à leur emploi, l'informatique et les réseaux sont des outils puissants, appréciés par tous, à l'exception des technophobes les plus radicaux, qui font de leur opposition une question de principe. Sans Internet, les nouvelles croyances auraient évidemment le plus grand mal à se diffuser. L'existence d'Internet et l'orientation que les nouveaux mystiques de l'information réussissent à lui donner constituent donc la toile de fond du succès de leurs croyances. Mais là n'est pas la seule raison.

Le culte de l'Internet apparaît comme un «bricolage» plus vaste qui prend appui, en les traduisant, sur des éléments issus d'autres univers de valeur, religieux, culturels ou politiques. Ils sont à la fois son environnement et ses supports de diffusion. La jonction inédite qui s'est opérée récemment avec le libéralisme en même temps qu'avec l'héritage récent de la «contre-culture» n'est pas sans effet sur ses succès actuels. Le contexte de crise et de mutation des grandes valeurs de l'humanisme et du monothéisme, les secousses et les ruptures en profondeur que connaît le lien social constituent un arrière-plan favorable à l'acceptabilité de ces nouvelles croyances. Il faut ajouter à cela que les militants d'Internet jouent sur tous les registres de la persuasion, mais aussi sur certaines formes de propagande, notamment en direction de la jeunesse.

Essayons de démêler les différents écheveaux d'un succès chaque jour plus envahissant, en commençant par la proximité entre la nouvelle religiosité et d'autres valeurs religieuses plus anciennes.

Des thématiques religieuses proches

On remarquera tout de suite que la « modernité » du culte de l'Internet est singulièrement obérée par le caractère ancien, voire très conservateur, de certains courants de pensée qui lui sont proches et qui lui servent de relais.

Sans être un grand familier de ce milieu, chacun sent bien que des connexions inédites se sont progressivement établies entre la nouvelle religiosité et d'anciennes valeurs. Comment ne pas s'interroger sur le nombre des liens qui se sont établis entre les fondamentalistes d'Internet et certains milieux bouddhistes, ou les différents courants du « New Age » ? Comment ne pas trouver des liens, dans le rapport au corps que nous venons de décrire, avec des influences puritaines, voire hygiénistes, plus anciennes ? Comment ne pas voir qu'une vision du monde manichéiste ou proche du gnosticisme nourrit cet idéal d'une société où la lumière vient chasser le mal ? Comment ne pas voir, aussi, l'influence et l'empreinte d'une pensée du monde que Teilhard de Chardin a si bien mise en système ?

Comme nous l'avons vu avec l'exemple de Steve Jobs, le mouvement zen a compté beaucoup d'adeptes dans les milieux des nouvelles technologies, sans qu'il soit possible de faire une évaluation quantitative précise. Aujourd'hui, des philosophes du cyberespace se convertissent à certaines formes de mysticisme, afin de mettre en harmonie leur vision du futur de la société mondiale de l'information avec un socle de valeurs plus anciennes.

Un culte non déiste

Le culte de l'information a apparemment fait jonction avec divers courants de pensée, pour former cet ensemble diffus où la religiosité qui s'y affirme prend des formes inédites et originales. Précisons tout de suite que, de l'ensemble des textes analysés ici, il ne ressort jamais que cette religiosité est, en aucune façon, déiste (ce qui n'exclut pas que certains de ses adeptes puissent, en quelque sorte à titre individuel, croire en Dieu ou à certaines divinités).

La figure divine n'a pas beaucoup de place dans l'univers des nouvelles technologies, ni dans la société mondiale de l'information. Cette nouvelle religiosité est sinon athée, du moins indifférente à l'idée de Dieu. Elle est même, d'une certaine façon, hostile à l'idée de religion, au sens habituel qui suppose une certaine institutionnalisation et un centralisme antagonistes avec l'idée de réseau éclaté. Nulle part dans tous ces textes imprégnés de la nouvelle religiosité, on ne rencontre en effet la figure divine. Dans ce sens, il s'agit d'une déviation de l'héritage de Teilhard de Chardin, lequel restait croyant et chrétien, et associait clairement l'émergence de sa « noosphère » à Dieu (et à l'Église catholique, au point, au nom de sa foi, d'accepter d'observer le silence à la demande de son Ordre).

Il n'empêche que la thématique du bien et du mal est très présente dans ce nouveau culte. Il n'y a pas de dieu, mais nous avons rencontré le Diable à plusieurs reprises, notamment chez Norbert Wiener. S'agit-il d'un diable métaphorique ? Pas si sûr. Les croyances que nous avons analysées semblent renvoyer à un certain affaiblissement du monothéisme, ou du déisme, sans pour autant retirer son importance au Mal et à ceux qui l'incarnent. L'imaginaire d'Internet est rempli de forces obscures, qui, justement parce qu'elles sont obscures, et souvent uniquement pour cela, sont, sans appel, du côté de la figure du Diable.

Lançons quelques pistes pour essayer de repérer des proximités qui se révéleront plus ou moins précises, ou plus ou moins impressionnistes. Les liens ici sont ténus, difficiles à établir. On travaille plutôt sur des parallélismes, des convergences objectives que sur de véritables liaisons que l'on pourrait établir sociologiquement.

L'ombre de Teilhard de Chardin

Il faut d'abord revenir sur l'étonnante proximité de la pensée de Teilhard de Chardin avec le nouveau culte. Cette pensée était, en quelque sorte, restée « suspendue en l'air » car son désir d'en finir avec la « séparation des humains » et ses propositions de « collectivisme » et de « noosphère » n'avaient aucun support concret pour se développer. La jonction entre la philosophie du célèbre jésuite et la cybernétique, pourtant à la même époque, ne s'est pas faite immédiatement.

Le « teilhardisme », tentative, entre autres, de réconciliation de la science et de la religion, n'en imprègne pas moins l'imaginaire d'un milieu prompt à une réflexion de nature « cosmique ». L'histoire de cette influence reste à écrire et il suffit qu'un Pierre

Lévy, malgré son importance aujourd'hui, revendique cette filiation, pour que tout le milieu puisse en être crédité.

Teilhard n'était pas loin d'être considéré comme «hérétique» et son Ordre l'a d'ailleurs réduit en partie au silence. Il affirmait en effet que «l'homme n'est pas le seul réceptacle du Verbe» (on lira avec intérêt la fiction écrite sur ce thème par Jean-Michel Truong[1]). Cette rupture fondamentale avec les dogmes qui faisaient de l'homme le centre du monde d'ici-bas rapproche sa pensée de l'antihumanisme déployé dans la nouvelle religiosité.

Il défend aussi avec vigueur une vision cosmique du monde où la «conscience» cherche son chemin, à travers la matière, puis à travers la vie, en attendant mieux. Son point de vue se rapproche d'un certain dualisme, lui aussi proche du nouveau culte de l'information. Tout cela s'inscrit en effet dans une tradition plus ancienne, incarnée dans des doctrines assez hétérogènes mais qui ont en commun l'opposition d'un monde intelligible et d'un monde sensible, d'un monde des idées et des formes et d'un monde matériel, qui dépasse largement les frontières du gnosticisme.

Gnosticisme, manichéisme, dualisme

Cette opposition se trouve initialement formulée par Platon, qui va irriguer de nombreux courants philosophiques et se diffuser plus tard dans toute la culture occidentale. Elle est à l'œuvre également dans le «gnosticisme», et David Le Breton remarque à ce sujet que «la religiosité gnostique échappe à ses multiples formes doctrinales, [et qu'] on la retrouve aujourd'hui sous une forme laïcisée mais puissante dans certains éléments de la technoscience[2]».

Le culte d'Internet est-il un gnosticisme ou peut-il s'apparenter à cette tradition qui ne subsiste qu'à l'état de traces, ou d'influences diluées, dans les cultures contemporaines? Rappelons que le gnosticisme, surtout actif dans les premiers temps de l'ère chrétienne – on en trouve mention par exemple dans la première épître aux Corinthiens –, est une doctrine, ou une pluralité de doctrines, du salut par la connaissance. L'Église chrétienne lui sera hostile, au nom du fait que la perfection et le salut s'y obtiennent sans véritable effort moral.

---

1. Jean-Michel Truong, *Le successeur de Pierre*, Denoël, Paris, 1999.
2. David Le Breton, *L'adieu au corps*, *op. cit.*, p. 9.

Les appuis de la nouvelle religiosité

On trouve curieusement dans certains textes anciens, datant des premiers siècles après Jésus-Christ, l'indication des « mots de passe » indispensables au franchissement des frontières gardées par les anges[3]. Et le gnosticisme n'est pas exempt d'un certain égalitarisme puisqu'un de ses penseurs, Isidore, aurait professé le communisme des biens et des femmes. On ne tirera pas cependant de ces points des conclusions trop hardies.

Ce qui rapprocherait le plus le culte de l'Internet des anciennes théories gnostiques n'est pas tant le contenu du récit religieux complexe que proposent ces dernières, dont on ne voit pas ce qui les rattacherait concrètement à la modernité, mais une communauté dans la manière de « se sentir dans le monde », de vouloir se débarrasser de son corps pour libérer l'esprit, et de voir dans l'univers le conflit de deux forces : l'information et l'entropie. Comme le rappellent Michel Tardieu et Pierre Hadot, en s'appuyant sur la description de H.-C. Puech : « Le sentiment fondamental du gnostique consiste à se sentir "étranger" au monde. Il éprouve sa situation d'être-au-monde comme anormale, comme violente : le corps, le monde sensible sont une prison, un lieu dominé par le mal et les passions. Le gnostique a l'impression d'être dans une prison dont les limites sont au-delà du monde stellaire. [...] Le gnostique éprouve fortement la distinction entre son moi et le reste de son être, entre l'âme et le corps. Il se sent d'une essence différente. Il perçoit qu'il appartient à un monde transcendant, à une Nature qui est totalement étrangère au monde d'ici-bas[4]. »

Le gnosticisme est proche sous certains aspects de la tradition dualiste et des conceptions manichéennes. Ces dernières supposent que l'âme est déchue dans le corps, mais qu'elle peut être délivrée par le salut et la connaissance. Les manichéens (sous l'influence de Mani, fondateur de cette Église au IIIe siècle de notre ère) imaginent un monde où les « Ténèbres » livrent combat à la « Lumière » et où tout doit être fait pour que les particules de Lumière puissent se dégager des Ténèbres et remonter à leur source. Beaucoup de rites, y compris alimentaires, accompagnaient ces croyances, comme par exemple l'importance donnée aux nourritures contenant des « particules lumineuses[5] ».

---

3. Michel Tardieu et Pierre Hadot, « Gnose », *Encyclopaedia universalis*.
4. *Ibid.*
5. Henri-Charles Puech, « Manichéisme », Encyclopaedia Universalis.

Le culte de l'Internet

Il est évidemment nécessaire de transposer ces thèmes au-delà du temps et des cultures, avec tous les risques que cela comporte. Il n'en reste pas moins qu'on trouvera là une communauté de sentiment subjectif avec ceux qui ne se sentent à l'aise qu'une fois relâchées les tensions du corps et activés les filaments de communication qui les relient aux autres pour une aventure où le contenu de ce qui est échangé compte moins que l'accès permanent au cyberespace.

Plus proches de préoccupations actuelles, les militants d'Internet sont souvent pris dans les rets d'une religiosité diffuse, qui a connu son élan vital au sein de la contre-culture des années soixante et où la marque du bouddhisme, notamment du bouddhisme zen, est très présente.

La continuité avec la contre-culture des années soixante

Il est difficile de ne pas trouver des points de connexion entre le nouveau culte et le vaste mouvement contre-culturel qui devient un phénomène de masse dans les années soixante aux États-Unis, et, sous diverses formes, dans différents pays occidentaux. Rappelons que ce qu'on nomme – en supposant une homogénéité plus grande que dans la réalité – la « contre-culture » est un vaste courant qui englobe l'héritage de la « beat generation », le mouvement de contestation de la jeunesse, qui conduira notamment aux grandes révoltes étudiantes, le mouvement hippie, et toutes les nombreuses ramifications qui sont nées dans cette nébuleuse, comme les mouvements « alternatifs ».

Le mouvement de la contre-culture disparaît en tant que tel dans les années soixante-dix. Les valeurs dont il était porteur ont néanmoins essaimé et influencent les manières d'« être-au-monde » de nombreux adultes. Quelques noms célèbres restent associés, aux États-Unis, à ce flamboiement qui marqua toute son époque de son empreinte, comme Allen Ginsberg, Jack Kerouac, Alan Watts, Ken Kesey, Timoty Leary, Gary Snyder, Neal Cassady, Bob Dylan, sans compter de nombreux groupes de musique et un certain nombre de revues. San Francisco et la côte Ouest constitueront les lieux privilégiés de cette « révolution des mœurs ». Le temps que ces nouvelles idées passent l'Atlantique et l'Europe connaîtra un prolongement de ces mouvements.

Ces derniers sont caractérisés, suivant les moments et les circonstances, à la fois par une contestation du système établi et par l'instauration d'une «culture parallèle» et de modes de vie alternatifs. L'Europe du Sud sera plus contestataire là où l'Europe du Nord sera plus «alternative». D'une façon générale, pour les adeptes de la contre-culture, l'utopie d'un monde meilleur peut se construire ici et maintenant, tout de suite – à l'opposé des mouvements révolutionnaires pour qui le monde meilleur est toujours le lendemain d'un «grand soir».

Concrètement, les pratiques de la contre-culture passent par la rupture avec le monde (le «drop out»), le voyage initiatique, à l'instar des moines mendiants bouddhistes, le plus souvent en Inde mais aussi sur les routes américaines et européennes, la vie en communauté, un profond désir d'égalité, d'origine libertaire, l'attachement, sous l'influence de Gandhi, à une culture non violente, une proximité avec la nature, et un certain mysticisme teinté d'influences orientales, notamment bouddhiste (de nombreux acteurs de cette période se convertissent au bouddhisme zen, ou rejoignent des sectes influencées par l'orientalisme). La société doit être conçue comme une communauté pacifique, l'amour et l'altruisme occupent une place importante. De nombreux réseaux de vie, produisant des musiques, des livres, des loisirs, une éducation, une alimentation et des médicaments spécifiques, forment un vaste univers «underground» qui concerne alors des centaines de milliers de personnes.

Cette idée d'un nouveau monde a bien des points communs avec le mouvement contemporain autour d'Internet, qui va mobiliser à son tour des centaines de milliers de jeunes, notamment, à la recherche d'une société plus fraternelle, plus «communicante», plus pacifique. La continuité des thèmes est frappante : le monde de l'Internet est «underground» à sa manière ; il est l'underground actuel, le lieu qui permet de quitter le «monde ordinaire». Celui qui consacre désormais son temps à Internet réalise le «drop out» d'aujourd'hui et beaucoup de descriptions des jeunes internautes entièrement absorbés par ce nouveau culte les présentent d'une façon saisissante comme autant de ces «clochards célestes» dont parlait Kerouac.

L'héritage du New Age

Là où, dans les années cinquante, on «faisait la route» pour donner un autre sens à sa vie, dans une perspective spirituelle, on surfe aujourd'hui sur les «autoroutes de la communication».

Les analogies sont nombreuses et, à travers cette continuité, c'est toujours la période de l'après-guerre qui nous parle, dans une sorte de fixité que cache mal le renouvellement des formes. Comme si notre société s'était arrêtée là et que nous rejouions, avec d'autres costumes, le même scénario.

Timothy Leary, dont il a déjà été question précédemment, illustre bien cette continuité. Gourou de certaines formes de mysticisme contre-culturel et apôtre du LSD pour libérer la conscience, il est devenu gourou du Web, prêtre d'Internet, qui libère l'esprit du corps et crée une nouvelle communauté.

Le mouvement du « New Age », parallèlement à la contre-culture, est encore aujourd'hui un vecteur puissant du nouveau culte. Ce mouvement est un mélange hétérogène d'animisme et de théories pseudo-scientifiques sur les « auras » et les « énergies », le « biomagnétisme », de « technologies intellectuelles » souvent à base de champignons hallucinogènes ou de drogues chimiques qui altèrent la conscience. L'électronique a très tôt eu une place importante dans ces pratiques magiques. Le New Age, qui a encore beaucoup d'adeptes aux États-Unis, abrite aujourd'hui de nombreux groupes, plus ou moins folkloriques, qui investissent dans Internet comme nouveau support de religiosité.

Mark Dery décrit longuement ces différentes tendances, comme le « technopaganisme » ou la « cyberdélie ». Le techno-paganisme est la « rencontre entre le néopaganisme (terme qui recouvre toute une série de religions contemporaines à caractère polythéiste) et le New Age, d'une part, et, d'autre part, la technologie numérique et la culture parallèle de l'informatique[6] ». La population de ses adeptes évoluerait dans une fourchette comprise entre cent mille et trois cent mille personnes aux États-Unis, « presque exclusivement des Blancs ». Une des obsessions de ce mouvement reste d'« élargir la conscience », notamment grâce au réseau.

La cyberdélie, dont le chef de file est Douglas Rushkoff, « concilie les élans transcendantalistes de la contre-culture des années soixante et l'infomanie des années quatre-vingt-dix[7] ». On parle alors des « zippie » (Zen-inspired Pagan Professionals – cadres païens tendance zen). On y trouve recyclée l'« hypothèse Gaïa », qui décrit la croyance en un éveil progressif de la

---

6. Mark Dery, *Vitesse virtuelle, op. cit.*, p. 61.
7. *Ibid.*, p. 32.

planète, mélangée avec la « conscience collective » de Teilhard de Chardin et le « village global » de McLuhan, le tout grâce au câblage du monde que permet Internet et qui constituerait selon Ruskoff le « stade terminal du développement de Gaïa ».

Ainsi que le disait un des auteurs cultes des années soixante, Robert Pirsig, « la divinité se trouve autant à son aise dans les circuits imprimés d'un ordinateur ou les engrenages d'un boîtier de vitesses qu'au sommet d'une montagne ou entre les pétales d'une fleur [8] ». La jonction du nouveau culte s'est faite aussi avec les valeurs d'un libéralisme qui était étranger à la contre-culture des années soixante. Des deux grandes utopies de la seconde partie du XXe siècle – l'utopie révolutionnaire et l'utopie contre-culturelle –, seule la dernière a survécu et s'est en quelque sorte réincarnée dans le nouveau culte d'Internet. La contre-culture, tout en étant hostile au grand capitalisme et à la société de consommation en même temps que marquée par une tradition libertaire, n'a jamais été en rupture complète avec le libéralisme. Cela explique que le culte d'Internet ait intégré si facilement ses valeurs.

La jonction avec le libéralisme

Tout au long de cette période qui s'étend sur un demi-siècle, du « tout-information » de Wiener en 1942 jusqu'au « tout-Internet » contemporain, la nouvelle religiosité va se trouver confrontée à trois grands courants de pensée : le pôle contre-culturel, le pôle libéral et celui que l'on pourrait qualifier de « pôle régalien ».

Le pôle contre-culturel, qui n'a guère, par nature, de représentation politique, n'en exerce pas moins une certaine influence, notamment à partir des années soixante, sur la société américaine et sur l'ensemble des sociétés occidentales. Certains traits de ce courant entrent immédiatement en résonance avec la nouvelle pensée de l'information. On l'a vu, la société de communication qu'imagine Wiener est une société sans État, autorégulée grâce aux nouvelles technologies qui permettraient une expression libre, sans entrave et sans médiation. Ces théories ne sont

---

8. Robert Pirsig, *Zen and the Art of the Motorcycle Maintenance*, William Morrow, New York, 1974, p. 16.

finalement pas si loin de celles d'un Bakounine, théoricien anarchiste de la fin du XIXᵉ siècle, qui faisait déjà l'apologie des « réseaux » et de l'« horizontalité des rapports sociaux ».

De nombreux innovateurs dans le domaine des nouvelles technologies, par exemple ceux qui sont directement à l'origine de l'invention du micro-ordinateur au début des années soixante-dix, se situent dans une mouvance contre-culturelle. L'ordinateur est conçu comme une machine « pour le peuple », qui doit permettre de lutter contre le capitalisme et d'instaurer une contre-culture faite de démocratie directe et d'échanges permanents.

Le second pôle est celui des partisans d'un usage « régalien » des nouvelles technologies de l'information, dans le cadre de l'intérêt d'un pouvoir central, incarné par l'État national, sans que la référence à l'intérêt public soit toujours privilégiée. Cette tendance a été historiquement portée par ceux qui voient dans les applications militaires des nouvelles techniques de communication un usage essentiel. On pourrait y rattacher le mathématicien américain Von Neumann, « faucon » plus radical encore qu'un McArthur, partisan du bombardement nucléaire préventif de l'Union soviétique. Les immenses possibilités de contrôle social ouvertes par les technologies de l'information ont eu, explicitement ou non, bien des défenseurs dans certains milieux étatiques.

Sur un autre registre, sensiblement différent, le Minitel, ancêtre d'Internet en tant que vaste réseau conçu pour le grand public, a été conçu initialement, par France Télécom, alors entreprise nationale, comme un système de communication correspondant à l'intérêt général. Dans cet esprit, les lois édictées par les États nationaux doivent s'appliquer aux informations qui circulent dans les réseaux et on ne doit pas considérer les nouvelles techniques de communication comme extraterritoriales.

Le pôle régalien est très loin de la nouvelle religiosité. L'État laïque et militaire n'est pas sans valeurs et ne se laisse pas pénétrer facilement par un idéal d'autorégulation et d'ouverture des frontières. C'est en son sein que les applications des nouvelles technologies sont pensées le plus en termes d'outil et non de levier pour construire un « nouveau monde ».

Le troisième pôle est, plus classiquement, formé par les représentants de la tendance libérale. Confiants dans les règles du marché et hostiles aux interventions des États nationaux vécues comme contraignantes, ses promoteurs voient dans les nouvelles techniques de communication le moyen de développer la machine économique en investissant des secteurs de l'activité humaine épargnés jusque-là par les rapports marchands. Là où l'éducation, la connaissance, la communication échappaient jusqu'à présent aux lois du marché, leur basculement dans un vaste réseau de communication universel va permettre de les transformer en «gisements de profits» pour les nouveaux entrepreneurs qui cherchent à s'imposer dans ce domaine. Ces nouvelles techniques de communication sont ainsi l'occasion de reprendre à l'État, dans un esprit ultralibéral, les dernières prérogatives qui sont les siennes.

Bill Gates, après avoir commencé sa carrière au sein du courant contre-culturel, et en en gardant parfois certains accents, incarne assez bien cette nouvelle génération d'entrepreneurs libéraux en faveur de la transformation d'Internet en «marché ultime [9]». Son vieux complice, Paul Allen, milite en faveur de la privatisation intégrale de l'éducation. La vaste entreprise mondiale de dérégulation des télécommunications est évidemment un atout maître de la poussée libérale dans ce domaine.

À ce stade, il faut sans doute faire une distinction entre le courant ultralibéral et le courant «capitaliste-libéral». Comme le rappelle l'économiste Michel Gensollen, «la révolution industrielle de la fin du XVIIIe siècle a été déclenchée par deux innovations majeures parfois confondues sous le terme vague de libéralisme : la doctrine libérale proprement dite et la grande entreprise capitaliste. [...] On réservera le terme "libéralisme" à l'intuition initiale de Mandeville, reprise par Smith, selon laquelle il était inutile d'inculquer à chacun des règles morales de coopération et de développer des régulations complexes pour assurer la bonne marche de la société ; laisser faire l'égoïsme et l'opportunisme de chacun pouvait, sous certaines conditions, mener à la situation optimale ou au moins à une situation meilleure que celle obtenue par un contrôle précis de chacun. [...] En fait, les grandes entreprises ont toujours été en lutte contre les contraintes que le libéralisme mettait à leur développement, à l'extension de leurs marchés, à leur recherche d'une position dominante pour peser sur le jeu concurrentiel [10]. »

On a pu constater dans le passé de nombreuses alliances entre les grandes entreprises capitalistes et les États nationaux

---

9. Bill Gates, *La route du futur*, op. cit., p. 21.
10. Michel Gensollen, «La création de valeur sur Internet», *Réseaux*, n° 97, CNET, 1999, p. 63-64.

– notamment aux États-Unis au sein de ce que l'on appelle le « complexe militaro-industriel », qui implique aussi l'université. IBM restera le symbole de cette période. L'informatique, les réseaux, Internet ne se seraient probablement jamais développés sans les immenses investissements publics en recherche-développement. Bill Gates a construit un vaste empire capitaliste qui se voit maintenant contesté sur le terrain à la fois par les lois antitrusts, d'inspiration libérale, et par les petites entreprises de la « netéconomie » qui cherchent d'autres voies de développement que la concentration monopolistique [11].

L'alliance libérale-libertaire

La montée en puissance d'Internet se fait aujourd'hui à la faveur d'une poussée ultralibérale dans ce domaine, où l'on voit de multiples petites sociétés partir à l'assaut des grandes entreprises capitalistes du secteur et les concurrencer dans la « création de valeur ». Il ne s'agit pas d'une simple concurrence économique entre anciennes et nouvelles entreprises, mais de deux esprits différents. Le premier favorise l'accumulation et le cloisonnement, l'autre la dépense et l'ouverture. Nous sommes loin, dans ce dernier cas, de l'influence protestante rigoureusement monothéiste qu'avait analysée Max Weber et qui avait en partie donné naissance au capitalisme. La « nouvelle économie » s'appuie bien sur une nouvelle religiosité.

Le pôle ultralibéral s'est enrichi ces dernières années, du fait de l'alliance objective qui semble s'être nouée avec le pôle libertaire contre-culturel – ce rapprochement ne concerne d'ailleurs pas que ce secteur, comme en témoigne le très symbolique rapprochement, en France et en Europe, entre certains verts libertaires comme Daniel Cohn-Bendit et des ultra-libéraux comme Alain Madelin. L'acharnement à créer une société mondiale sans État, sans frontière et sans loi a trouvé là son point d'aboutissement idéal.

La nouvelle religiosité autour d'un monde transparent et ouvert aurait-elle servi de point d'appui à cette rencontre inédite et qui n'est pas sans conséquence dans l'Histoire ? Il est sûr qu'en retour celle-ci y trouve un vecteur très efficace de diffusion de ses croyances. Là aussi, Pierre Lévy, ancien militant anticapitaliste

---

11. Solveig GODELUCK, *Le boom de la netéconomie. Comment Internet bouleverse les règles du jeu économique,* La Découverte, Paris, 2000.

Les appuis de la nouvelle religiosité

(à moins que, de ce fait, il le soit justement resté), nous donne la clé de compréhension de ces évolutions en cours, que son point de vue exprime et épouse parfaitement. Selon lui, « l'argent devient une unité de mesure épistémologique [12] » et « l'économie remonte de plus en plus la chaîne ontologique vers le virtuel, en direction de ce qui crée l'existence [13] ».

Le lien est ainsi établi, par cet auteur, entre la mystique de l'information et la recherche du profit, qui en constitue une « mesure ». Il n'hésite pas à soutenir, dans une telle perspective, que « plus on est virtuel et plus on fait d'argent. Plus on monte vers le monde des idées et plus on est récompensé par le marché. [...] Il n'y aura plus de différence entre la pensée et le business. L'argent récompensera les idées qui feront advenir le futur le plus fabuleux, le futur que nous déciderons d'acheter [14] ».

La mystique de l'information a clairement épousé le courant libéral-libertaire. Les premières cibles risquent bien d'être à la fois les États nationaux et les grandes entreprises capitalistes du secteur.

Le jeunisme des nouvelles technologies

Le tableau des différentes valeurs et courants de pensée sur lesquels le culte de l'Internet prend appui pour sa diffusion serait incomplet si l'on ne mentionnait pas une valeur « secondaire » (au regard des grands enjeux que nous venons d'évoquer) mais néanmoins importante, le « jeunisme », c'est-à-dire la tendance à exalter la jeunesse, ses valeurs, et à en faire un modèle obligé de tout comportement.

Le culte de l'Internet est un culte jeune, de jeunes et pour les jeunes. Il est conçu comme une sorte de processus de « révolution permanente », où ce sont les « jeunes » qui déterminent la direction du mouvement. Nicholas Negroponte est l'auteur qui va le plus loin dans la mise en scène de ce jeunisme : « Je vois cette même mentalité de décentralisation à l'œuvre dans notre société, sous l'impulsion de la jeunesse du monde numérique. La vision centralisatrice traditionnelle va devenir une chose du passé. La notion d'État va subir une mutation radicale. [...] Pendant que les politiciens se débattent avec l'héritage de l'Histoire, une nouvelle génération, libérée des vieux préjugés, émerge du

---

12. Pierre LÉVY, *World philosophie*, *op. cit.*, p. 93.
13. *Ibid.*, p. 134.
14. *Ibid.*, p. 100.

paysage numérique. [...] La technologie numérique peut être une force naturelle attirant les gens dans une plus grande harmonie mondiale [15]. »

Negroponte souligne le rôle que la jeunesse a joué dans l'établissement d'une « contre-culture face à l'*establishment* de l'informatique. [...] Notre ciment n'était pas une discipline, mais une croyance que les ordinateurs modifieraient et transformeraient d'une manière spectaculaire la qualité de la vie par leur ubiquité, non seulement dans la science, mais dans tous les aspects du quotidien [16] ». Il est l'un des multiples défenseurs de l'idée selon laquelle les enfants seraient « par nature » aptes à l'informatique : « Qu'il s'agisse de la population d'Internet, de l'usage du Nintendo et de Sega, ou de la pénétration des micro-ordinateurs, l'important ne sera plus d'appartenir à telle ou telle catégorie sociale, raciale ou économique, mais à la bonne génération. Les riches sont à présent les jeunes et les démunis, les vieux [17]. »

Comme on le voit, le jeunisme ne va pas sans une certaine démagogie. C'est en tout cas sur les couches les plus jeunes de la population que le culte de l'Internet s'appuie. Microsoft, qui cherche actuellement à négocier un virage qui le rapprocherait du monde de l'Internet, n'hésite pas à recruter de très jeunes gens pour orienter sa stratégie. « L'entreprise, nous dit-on, estime que ces jeunes seront connectés presque en permanence à la Toile. [...] La firme a donc chargé deux adolescents d'expliquer à ses dirigeants d'âge moyen leur nouvelle philosophie du travail et des loisirs [18]. » L'un d'entre eux explique que « les périodes d'éducation, de travail, de retraite, auparavant distinctes et successives, sont aujourd'hui mélangées [19] ».

C'est dans le cadre du jeunisme que l'on trouve l'apologie systématique de la « vitesse », devenue une nouvelle croyance : ce qui va vite est mieux, plus proche du monde de l'esprit. La vitesse est ce qui nous libère du corps et nous rapproche des autres en permanence. « La réalité de l'information, dit Paul Virilio, est tout entière contenue dans sa vitesse de propagation [20]. » Commentant avec assurance le procès de José Bové et

---

15. Nicholas Negroponte, *L'homme numérique, op. cit.*, p. 282-283.
16. *Ibid.*, p. 277.
17. *Ibid.*, p. 252.
18. *Le Monde*, 6 mai 2000, p. 25.
19. *Ibid.*, p. 25.
20. Paul Virilio, *L'art du moteur, op. cit.*, p. 179.

ses camarades en juillet 2000 à Millau, l'un des défenseurs libéraux d'Internet, Alain Madelin, affirmait : « En réalité, le nouveau monde qui vient porte une formidable chance de renaissance d'une société à taille humaine et, dans ce nouveau monde, ce ne sont pas les gros qui triomphent des petits, ce sont les rapides contre les lents [21]. »

On peut se demander, à lire certains articles et certaines déclarations, quelle place le « nouveau monde » laisse aux vieux (à partir de trente-cinq ans). Une étude que nous avons réalisée pour la Caisse nationale d'assurance vieillesse fait apparaître l'existence d'un véritable discours d'exclusion des personnes âgées dans le domaine des nouvelles technologies de l'information [22], essentiellement dû au jeunisme sur lequel s'appuie ce milieu.

Une utopie technicienne ?

Le culte de l'Internet, tel que nous cherchons à le caractériser, présente certains traits communs avec les utopies techniciennes qui émergent à chaque grand mouvement d'innovation technique. Selon Howard Segal [23], les États-Unis, qui ont placé la technologie au cœur de leur culture, se la sont appropriée sur le registre de l'utopie, mais cette fois, contrairement à la tradition dans ce domaine, en la réalisant concrètement – ou en croyant le faire. Nous avons nous-même, dans un ouvrage précédent, mis en avant la dimension utopique du thème de la communication, au-delà des techniques informatiques [24].

Dans un article très complet sur le sujet, qui fait le bilan des utopies techniciennes depuis le XVIIIe siècle, Armand Mattelart lie la communication et la « promesse de rédemption ». Déjà le saint-simonisme, comme pensée des réseaux, n'avait pas échappé à l'emprise de la religiosité. L'ingénieur avait été à l'origine d'une nouvelle Église à part entière [25].

---

21. « L'opposition contre la "Bové Pride" », *Le Monde*, 2-3 juillet 2000, p. 6.
22. Annie BOUSQUET et Philippe BRETON, « La place des personnes âgées dans l'argumentaire et le discours d'accompagnement des nouvelles technologies de communication », *Rapport de recherche* MIRE-CNAV, mars 1998.
23. Howard SEGAL, *Technological Utopianism in American Culture*, University Press of Chicago, Chicago, 1985.
24. Philippe BRETON, *L'utopie de la communication, op. cit.*
25. Voir également sur ce sujet Pierre MUSSO, *Télécommunications et philosophie des réseaux, op. cit.*

Le culte de l'Internet

Le XIXe siècle n'a pas manqué de prophètes, ingénieurs, révolutionnaires ou sociologues pour nourrir ce que Philippe Chanial appelle le « paradigme ou la matrice de l'Association », indissociable selon lui « d'une référence au religieux, même métaphorisée ». Religion *(religio, religare)* est, ajoute cet auteur, « synonyme de lien social, d'unité de convergence. Le religieux désigne alors moins un besoin mystique que le lien nécessaire de la communauté. L'Association, en retissant ces liens, réalisera alors la vraie religion [26] ».

Armand Mattelart rappelle que l'utopie anarchiste d'un Piotr Kropotkin faisait de l'électricité le point de départ d'une nouvelle société. Mais tout projet de société est-il une utopie ? La religion qui promet l'au-delà est-elle une utopie ? Le terme souffre, comme le reconnaît lui-même Lucien Sfez, d'une grande imprécision [27]. Si l'utopie implique simplement une volonté de « sortie du monde », une rupture radicale avec tous les aspects de l'ancien monde, alors la nouvelle religiosité qui se noue à partir d'Internet en relève partiellement. Mais elle est bien plus que cela : une vision cosmique du monde, loin de l'étroitesse des îles et des cités utopiques, fussent-elles elles aussi de verre. Il s'agit plus, comme le propose Gianni Vattimo, d'une « hétérotopie [28] », dans un nouveau monde qui n'a plus de centre.

Nul doute en tout cas que le nouveau culte s'appuie sur le « désir d'utopie », catégorie peut-être plus concrète et qui désigne cette volonté de rupture psychologique et politique qui anime nombre de nos contemporains. Ce désir d'utopie servirait de fond d'acceptabilité pour les propositions radicales de construire un « nouveau monde » où les consciences seront rassemblées au sein d'un réseau collectif planétaire.

L'utopie, comme la religion, implique toujours une mutation en profondeur du « lien social », c'est-à-dire de la façon dont les hommes vivent ensemble. C'est sans doute sur ce point précis que les nouvelles croyances sont les plus concrètes et les plus incitatives. Le culte de l'Internet implique une nouvelle manière de vivre, qui elle, devrait s'imposer à tous, croyants ou non-croyants.

---

26. Philippe Chanial, « Le projet utopique des sciences sociales : le paradigme de l'association », *Quaderni, op. cit.*, p. 81.
27. Lucien Sfez, introduction au numéro de *Quaderni, op. cit.*
28. Gianni Vattimo, *La société transparente, op. cit.*, p. 83.

6

Le tabou de la rencontre directe

Une question aujourd'hui suscite de nombreuses résistances, en même temps qu'elle fascine de façon très ambivalente nombre de nos contemporains : la question de la rencontre directe et son inverse symétrique, la question de la séparation. Pour la première fois dans l'histoire de l'humanité, sous le coup des nouvelles croyances dans l'information, la transparence et la réunification de la conscience, nous avons construit un réseau de communication susceptible, s'il était poussé à son extrémité, de séparer les hommes et de les dispenser de toute rencontre directe.

Les partisans les plus radicaux d'Internet tiennent toujours le même discours : pour pouvoir bénéficier de toutes les promesses que contiennent les nouveaux réseaux de communication, pour accéder à ce « nouveau monde » dans lequel l'homme, enfin, se réalisera ou, mieux, se dépassera, il faut accepter d'y transférer la plupart des activités que jusque-là nous réalisions autrement : le travail, les loisirs, la télévision, le cinéma, le commerce, les relations avec autrui, la prière, la pensée et, pour les plus extrémistes, la sexualité.

Dans la pratique, toutes ces croyances convergent vers un point unique : toute communication, toute relation, toute rencontre doivent désormais passer par le réseau. Le contenu de l'« ancien monde » doit être reversé dans le « nouveau monde », en laissant derrière tout ce qui s'oppose à la montée de la conscience collective.

La question de la violence

La simple promesse d'un monde meilleur suffit-elle à justifier une mutation aussi radicale du lien social ? Si notre enquête s'arrêtait ici, elle manquerait sans doute une dimension fondamentale, qui est apparue en filigrane dans tout ce que nous venons de décrire. Le désir d'un monde meilleur

Le culte de l'Internet

ne correspondrait-il pas aussi à la perception très vive que notre monde actuel est marqué au fer rouge de la *violence*?

Nous l'avons vu, le cyberespace, comme monde de lumière et de transparence, incarne l'utopie de la pacification. La violence y est identifiée : elle est rejetée du côté du corps, de l'animalité, de la matérialité. Le prix de la paix est une double séparation, d'une part entre le corps et l'esprit, d'autre part entre les corps eux-mêmes.

Nous sommes là au cœur d'une conception probablement issue de la culture nord-américaine et de son rapport singulier à la violence. Dans la passionnante analyse qu'il propose de la violence aux États-Unis, le sociologue français Denis Duclos rappelle ce qu'il estime être la « grande intuition de la culture anglo-américaine : que la civilisation est précaire. Plus elle occupe l'immense espace par son "système", ses réseaux, son marché, sa technologie, plus la civilisation s'apparente à une fine pellicule à la surface de la réalité sauvage. Un instant d'inattention, la bulle crève et le plus sophistiqué des diplômés de Harvard retourne à l'état de brute carnassière [1] ».

Il ajoute que « le spectacle de la violence débouche rarement aux États-Unis sur un processus de civilisation, mais plutôt sur une hésitation, une oscillation entre sauvagerie et civilité, entre paix et agressivité [2] ». Dans cet esprit, Internet pourrait bien être une tentative désespérée de sortir de cette oscillation permanente. Les valeurs religieuses, qui, bien au-delà du monde de l'Internet mais évidemment en lien avec lui, sont en train de se renouveler aux États-Unis, notamment sous l'influence du bouddhisme et de la philosophie zen, font une large place à l'identification de toute violence au Mal, y compris le conflit sous ses multiples formes, mais aussi à un idéal de paix et de non-violence.

On trouvera de ce point de vue une nette différence culturelle avec l'Europe. Les cultures européennes sont tout aussi soucieuses de se tenir à l'écart de la violence destructrice, mais sont par contre attachées à des conceptions agonistiques – qui privilégient une dynamique d'opposition – du lien social, de la discussion et des rapports sociaux.

Dans ce sens, l'aspiration à la pacification des rapports sociaux qui constitue une des promesses, peut-être la promesse

---

1. Denis Duclos, *Le complexe du loup-garou, op. cit.*, p. 52.
2. *Ibid.*, p. 25.

majeure du culte de l'Internet, entre en résonance particulière avec une dimension culturelle typiquement américaine. Or, dans cette nouvelle conception du lien social, le Mal, la violence ne sont-ils pas incarnés par l'autre, par la rencontre directe avec l'autre et la nécessité de partager son territoire avec lui, de « respirer le même air que lui » ? On notera qu'il y a aussi sur ce point convergence avec l'hygiénisme, valeur concrète du monde américain au moins depuis les années vingt.

Celui-ci implique que l'on se tienne à distance de l'autre en tant qu'il est porteur, pour soi-même, de « germes » agressifs de toute nature. Dans un tel contexte, comme le rappelle David Le Breton, « le dénigrement du corps [...], dans le discours radical de certains scientifiques ou adeptes de la cyberculture, est aussi un fait vécu à leur niveau par les millions d'Occidentaux qui ont perdu leur relation d'évidence avec un corps qu'ils n'utilisent plus que partiellement [3] ».

Le culte de l'Internet ne propose rien de moins que de prolonger à l'extrême cette ligne de fuite, d'enfermer chaque individu dans sa bulle pour prix d'une communion universelle enfin pacifiée. Tous les avantages de la communication sans les risques de la communication, voilà bien peut-être la promesse majeure du nouveau culte, l'une des raisons souterraines les plus actives de son succès actuel. Internet apporterait enfin la paix dans un monde troublé, qui ne voit pas autrement comment faire la paix...

L'alternative au chaos

Cette question obsédait déjà Norbert Wiener. Le fondateur de la cybernétique voyait la violence comme le comble de l'entropie, de l'« imperfection organique de l'univers que nous pouvons, en usant d'une formule un peu violente, considérer comme le diable. Non le démon malicieux, positif des manichéens, mais le démon négatif de saint Augustin, celui qu'il appelle l'Imperfection [4] ». Dans sa vision extrêmement pessimiste du futur (à l'inverse des croyants actuels, plutôt confiants dans l'avenir), il voyait l'univers comme glissant irrésistiblement vers le chaos entropique, comme « un tout tend à se délabrer [5] ». Pierre

---

3. David Le Breton, *L'adieu au corps*, op. cit., p. 15.
4. Norbert Wiener (1952), *Cybernétique et société*, op. cit., p. 11.
5. Norbert Wiener (1954), *Cybernétique et société*, op. cit., p. 12.

Lévy hérite en partie de cette vision cybernétique, lorsqu'il affirme que « le monde [...] est sans cesse à la limite du chaos et de la désorganisation [et que] cette espèce n'est pas encore complètement civilisée [6] ».

Dans cette optique, l'avancée de toutes les « cybertechnologies » correspond bien à l'espoir d'un recul de la violence. On retrouve là une croyance maintenant largement partagée, malgré la fragilité de ses fondements : l'information, la communication font reculer le mal. Comme le disait Jacques Bureau, dans un ouvrage ancien qui est un plaidoyer pour la survenue d'une « ère logique », « l'émeute [...] fut longtemps la seule arme des hommes seuls. Mais si l'information circule librement, l'homme n'est plus seul : il est intégré dans un système mondial d'interprétation et de gestion logique des données, qui le relie à tous les autres ; ils forment ensemble une société vraie [7] ». Le monde idéal, la société vraie, est bien cette « noosphère » transparente qui « nous préviendra des catastrophes, des dangers des injustices, des déséquilibres écologiques [8] ».

Mais il y a un prix à payer pour que le noyau dur de la promesse – l'éradication de toute violence – se réalise. Et ce prix, c'est précisément la séparation sociale, la fin de toute rencontre directe.

Une stratégie prudente

Bien sûr, tout le monde ne soutient pas des thèses si extrêmes. De nombreux défenseurs enthousiastes d'Internet pourront dire : jamais nous n'avons soutenu de telles idées ! Jamais nous n'avons prôné la disparition, par exemple, de la rencontre physique ! Regardons de plus près.

Il faut ici faire le départ entre ceux, « partisans d'un usage raisonné », qui voient dans Internet un outil de communication s'ajoutant à d'autres, de façon complémentaire, et les plus radicaux, tenants du nouveau culte, pour qui l'absorption de l'homme dans le réseau est devenue une finalité. Pour ces derniers, ce n'est pas tant le réseau qui compte que sa faculté de privilégier la bienheureuse information. Pour ceux-là, Internet est une Église qui permet à ceux qui le souhaitent de se consacrer entièrement à la communication et à la communion.

---

6. Pierre Lévy, *World philosophie*, op. cit., p. 12.
7. Jacques Bureau, *L'ère logique*, op. cit., p. 13.
8. Pierre Lévy, *World philosophie*, op. cit., p. 174.

Le tabou de la rencontre directe

Cette distinction n'est pas toujours simple à faire. Ceux qui ont un point de vue raisonnable, «laïque» sur les nouvelles technologies de l'information sont parfois sensibles aux sirènes des prophètes. On écoute toujours ces derniers avec attention et intérêt, même si on ne partage pas la radicalité de leur propos. La musique de leur propos résonne dans l'imaginaire et donne du sens. Bien sûr, on pense qu'ils exagèrent un peu, mais enfin... Les envolées lyriques d'un Philippe Quéau sur le «cyberespace», sur l'intérêt qu'il y aurait «à doter chacun des organes de notre corps d'une adresse e-mail[9]» qui leur permettrait d'exister de manière autonome dans le réseau procurent une joie ambivalente à ceux qui voient leur activité plus concrète et plus proche du terrain ainsi valorisée en quelque sorte «spirituellement».

La distinction est aussi difficile à opérer du fait que les militants les plus acharnés du culte de l'Internet, lorsqu'ils sont confrontés à la réalité, n'hésitent pas à mettre en œuvre une très ancienne stratégie de persuasion. Dans les années soixante-dix, les partisans de la «révolution informatique», ancêtres des militants actuels, avaient mis au point cette stratégie pour contourner les «résistances au changement des usagers». Ils procédaient en deux temps : dans une première approche, il s'agissait d'affirmer que toutes ces machines n'étaient «que des outils», qui ne changeraient en rien les finalités de leur usage. Et puis, une fois que les outils sont en place, on faisait miroiter, surtout aux yeux des plus ardents convertis, qu'ils étaient le cœur d'une véritable révolution, qu'ils allaient, grâce aux technologies, «changer le monde». Toute nouvelle avancée suscitant de nouvelles hésitations ou des réserves, on revenait au premier mouvement de la stratégie : «Ce n'est qu'un outil...» Nous sommes un peu aujourd'hui dans le même cas de figure.

Chacun sent bien qu'à force de proposer de tout médiatiser *via* un réseau qui fait tout, cette question de la séparation des corps va se poser en premier. Aussi, nos auteurs les plus radicaux adoptent-ils à ce sujet une attitude prudente, non exempte, et pour cause, de contradictions. D'un côté, ils soutiennent que le réseau doit absorber toutes nos activités (là est le véritable enjeu, la vraie révolution spirituelle); de l'autre, ils nous garantissent, c'est juré, que les rencontres physiques n'en pâtiront pas et même qu'elles... augmenteront.

---

9. Intervention de Philippe Quéau au colloque «De Gutenberg ao terceiro milénio», *loc. cit.*

Ainsi, après avoir affirmé avec force que les hommes « sont en train de se regrouper dans une immense ville virtuelle, là où l'on trouve le plus de choix, là où on peut rencontrer tout le monde, là où se trouvent les meilleurs marchés, y compris et surtout les marchés de l'information, de la connaissance, de la relation et du divertissement [10] », et que « les sites Web sont comme des boutiques, des bureaux et des maisons ; les groupes de discussion et les communautés virtuelles... des places, des cafés, des salons, des regroupements par affinités », et enfin que « les mondes virtuels interactifs, plus ou moins ludiques, seront les nouvelles œuvres d'art, les cinémas, les théâtres et les opéras du XXIe siècle », Pierre Lévy ajoute, comme pour calmer les interrogations qui pourraient naître de cette affirmation radicale selon laquelle nous devrons tout faire désormais à distance : « Nous continuerons cependant à nous déplacer physiquement et à nous rencontrer en chair et en os, et probablement plus qu'aujourd'hui, puisque les phénomènes de relation et d'interconnexion de toutes sortes (virtuelles ou non) seront amplifiés et accélérés [11]. »

On ne voit pas comment il y aurait encore une place pour la rencontre directe au sein d'une pensée qui valorise systématiquement la rencontre virtuelle. On ne voit pas non plus, une fois que toutes les activités qui supposent jusque-là une rencontre physique auront été « virtualisées », ce qui resterait concrètement comme possibilité pratique de ce point de vue... Une fois que vous avez tout fait *via* le réseau, dans l'ensemble des domaines qui viennent d'être décrits, que reste-t-il donc à faire dans une éventuelle rencontre directe ?

Même chose pour l'ex-gourou des sixties, reconverti en prêtre du cyberespace, Timothy Leary, qui, après avoir affirmé que, « dans un proche avenir, nous serons impliqués dans nombre de cyberrelations avec des gens que nous ne verrons sans doute jamais en personne, [...] tout cela sans quitter physiquement notre salon », ajoute, comme pour faire passer la radicalité de ses propos, que « les échanges directs, face à face, seront réservés aux grandes occasions [12] ». Il n'en reste pas moins que cette dernière remarque s'inscrit dans un point de vue où tout est fait pour faire disparaître la rencontre directe, soumise, selon

---

10. Pierre Lévy, *World philosophie, op. cit.*, p. 60.
11. *Ibid.*, p. 58.
12. Les citations de Timothy Leary sont extraites de l'ouvrage de David Le Breton, *L'adieu au corps, op. cit.*

Le tabou de la rencontre directe

le mot de cet auteur, à l'« esclavage des corps [13] ». Comme nous allons le voir, de très nombreux textes issus des milieux dits de la « cyberculture » ne prennent guère de précaution et affirment tout net que le grand intérêt d'Internet est justement qu'il dispense de la rencontre directe et de tous ses « inconvénients ».

D'une façon générale, même s'ils n'insistent pas sur cette dernière dimension, de très nombreux projets liés à Internet sont axés sur la possibilité de ne plus sortir de chez soi. Dans une enquête sur ce sujet, le journaliste Stéphane Mandard décrit la maison idéale du futur immédiat construite près de Bruxelles : « Tout est fait pour qu'on s'y sente bien. [...] Le jardin pousse tout seul. [...] La dichotomie lieu de travail/lieu de résidence appartient au passé, dans la maison en réseau on travaille chez soi. [...] Les rendez-vous se gèrent à distance, les réunions se déroulent en visioconférence, les rapports d'étude arrivent par courrier électronique, et les informations se trouvent sur le Web. [...] L'éducation se décline désormais en numérique : cours et tutorat en ligne ayant définitivement relégué aux calendes grecques l'enseignement "présentiel", c'est-à-dire dans une salle de classe [14]. » De même, l'attention du public a été attirée récemment par un versant inédit du « pouvoir tout faire de chez soi » : la prière, la confession et même la retraite spirituelle sur Internet [15].

L'affirmation selon laquelle la rencontre physique « augmentera » ne serait-elle donc que pure tactique face à l'anticipation d'une réalité que tout présente comme mettant systématiquement des obstacles à la rencontre directe ? En fait, les partisans du tout-Internet ne voient pas très bien l'intérêt qu'il y aurait à faire en direct ce que l'on peut faire par le réseau ! Car l'enjeu est bien là. L'affirmation commune, répétée et récurrente dans ces milieux, est que, *pour que la promesse se réalise, il faut nous séparer.* Voilà le prix à payer.

---

13. *Ibid.*
14. Stéphane MANDARD, « La vie rêvée des domoticiens », *Le Monde interactif*, 2 février 2000.
15. Xavier TERNISIEN, « Les religions sont entrées en force sur Internet », *Le Monde*, 9-10 juillet 2000.

Une description de la « société mondiale de l'information »

La littérature d'anticipation fournit de nombreuses illustrations de ce projet de nouveau lien social. Ces illustrations ont, en retour, nourri l'imaginaire des partisans du culte de l'Internet. Elles constituent en quelque sorte des paraboles qui permettent de porter plus loin la bonne parole. La littérature d'anticipation joue ainsi un grand rôle dans le développement des nouvelles croyances.

La pertinence d'un récit, d'une description tient pour le lecteur à son réalisme, c'est-à-dire à sa capacité à anticiper ce qui adviendra effectivement. Loin d'être une littérature de fiction, elle constitue un guide pour l'action (selon certaines enquêtes, elle constitue le genre le plus lu dans le monde de l'informatique [16]). De nombreux ouvrages mettent en scène la société mondiale de l'information de demain. La plupart, d'Isaac Asimov et Philip K. Dick jusqu'à William Gibson, J.G. Balard et Jean-Michel Truong, axent leurs descriptions sur la question du lien social et évoquent de façon centrale la séparation sociale qui est le pivot de ces nouveaux mondes.

Les auteurs de la plupart de ces ouvrages vont droit au but : c'est bien la question de la violence qui est posée au centre de la problématique de cette nouvelle société, qu'il s'agisse de la crainte des épidémies, ou plus fondamentalement de la peur de la présence de l'autre, comme source de violence. Dans tous les cas, Internet représente la fin de la tension insupportable provoquée par les autres.

La peur des épidémies

Jean-Michel Truong en fournit une illustration très imagée [17], au pouvoir d'évocation puissant, lorsqu'il décrit un monde où, à la suite d'une menace d'épidémie – réelle ou supposée –, la majorité de l'humanité est livrée au «grand enfermement». Chaque individu se retrouve seul dans un appartement conteneur dont il est impossible de sortir. Ces boîtes d'acier sont empilées les unes sur les autres pour former de gigantesques pyramides,

---

16. Philippe BRETON, «L'informaticien et la sécurité : enquête sur un antagonisme», *loc. cit.*
17. Jean-Michel TRUONG, *Le successeur de Pierre, op. cit.*

uniquement reliées entre elles par Internet. Les communications y sont permanentes, mais entièrement virtuelles.

Le monde est divisé en trois classes : les « no-plugs » clandestins qui vivent en meutes, livrés à eux-mêmes dans une nature hostile, ceux qui vivent ainsi séparés les uns des autres et une petite classe de nantis qui eux ont le droit de se rencontrer et vivent dans un univers protégé de toute agression extérieure.

La violence de l'autre

Une nouvelle assez terrifiante de J.G. Ballard met en scène un monde où les humains ne communiquent que par le biais des images et ne se rencontrent jamais [18] : « À ce moment-là, personne ne songeait que l'on puisse se rencontrer concrètement, en personne. En fait, des arrêtés anciens quoique rarement invoqués existaient toujours pour empêcher cela – rencontrer directement un autre être humain était un délit punissable [19]. » La raison de cette absence de lien direct nous est donnée par le dénouement de l'histoire : résolus à se rencontrer, un homme, une femme et leurs enfants finissent par se jeter les uns contre les autres dans une fureur assassine.

La prohibition de l'inceste est évoquée incidemment comme un des motifs de cette séparation, mais, plus globalement, la rencontre directe de l'autre ne provoque que déception, frustration et montée d'une violence irrépressible. Les communications virtuelles ont l'immense avantage de gommer cette dimension des rapports humains et donc de les pacifier. L'auteur raconte ainsi la rencontre amoureuse de ses personnages : « Nous avons commencé à sortir ensemble – c'est-à-dire que nous regardions les mêmes films à la télévision, allions aux mêmes théâtres et salles de concert, regardions les mêmes menus se préparer dans les restaurants, tout cela dans le confort de nos foyers respectifs [20]. » Le mariage lui aussi se fait à distance et le voyage de noces se passe à regarder « ensemble », c'est-à-dire « simultanément », des films sur Venise...

On retrouve là bien sûr un certain nombre de thèmes très actuels. Comme en écho, Bill Gates nous raconte très naïvement l'une de ses relations « à distance » : « J'ai eu une liaison avec une

---

18. J.G. BALLARD, « Service de réanimation », in *Mythes d'un futur proche*, Calmann-Lévy, Paris, 1984.
19. *Ibid.*, p. 209.
20. *Ibid.*, p. 212.

femme qui habitait une autre ville. Eh bien, nous avons échangé force messages sur le courrier électronique. Nous avons même imaginé un moyen d'aller au cinéma ensemble. Nous choisissions un film qui passait à la même heure dans nos deux villes. Pendant le trajet en voiture, nous bavardions avec nos téléphones cellulaires. Nous assistions à la séance et, sur la route du retour, nous reprenions nos téléphones cellulaires pour commenter le film. À l'avenir, ce genre de "rendez-vous virtuel" se passera encore mieux [21]. »

Un petit film américain très grinçant du réalisateur américain Hal Salwen, hélas passé un peu inaperçu, *Denise au téléphone* (1996), met en scène des personnages qui vivent seuls mais communiquent en permanence, de façon très intime, par téléphone. La tentative de deux des protagonistes de se rencontrer physiquement échoue lamentablement. La violence de la rencontre directe est trop forte pour ceux qui se sont accoutumés à la communication virtuelle permanente.

Il ne s'agit évidemment pas pour les promoteurs du culte de l'Internet d'une simple volonté de «séparation». Nous avons vu que beaucoup d'entre eux insistent plutôt sur la «réunification de la conscience». Le nouveau lien social se caractérise doublement et indissolublement par une séparation (des individus) et une communion (des esprits), comme condition de la paix sociale. Ce mouvement, pour Pierre Lévy, à la suite de Teilhard de Chardin, est en marche : «Juste avant sa réunification, la conscience collective a hésité. Allait-elle rester divisée, en guerre contre elle-même ? Ce furent les grandes guerres mondiales et la guerre froide. Et puis un jour, quelque part pendant les années quatre-vingt-dix du XXe siècle, elle a décidé qu'il valait mieux cesser de se battre contre soi et ne plus former qu'une seule intelligence collective, une seule citadelle de lumière. Certes il reste encore des "pays", des "cultures identitaires", des guerres civiles, des dictatures. Mais on y croit de moins en moins. Ce ne sont que des signes de retard culturel. Dans quelques dizaines d'années, un siècle au maximum, tout cela aura disparu [22]. »

Le thème de la séparation physique et de la communion virtuelle, comme condition d'un monde meilleur, ou à l'inverse, pour certains auteurs, du «meilleur des mondes», pour paraphraser Aldous Huxley, est bien la matrice imaginaire qui sert à penser le monde d'Internet.

---

21. Bill GATES, *La route du futur*, op. cit., p. 247.
22. Pierre LÉVY, *World philosophie*, op. cit., p. 46-47.

La société solaire d'Asimov

Il revient à Isaac Asimov, scientifique et vulgarisateur américain, d'avoir proposé, dès 1955 [23], la première «visualisation» d'une société dans laquelle un réseau de communication complet (image et son) occupe une place déterminante dans la vie sociale et remplace toutes les régulations collectives traditionnelles. Arrêtons-nous un instant sur les aspects concrets de la communication dans un tel monde.

Rappelons que cet auteur prolifique a consacré, depuis les années quarante, une partie importante de sa carrière à promouvoir l'importance des «machines à communiquer», en même temps qu'à s'interroger sur les conséquences de ce qu'on appelait encore alors la «robotique» (pas seulement au sens industriel, mais au sens plus général de mise en œuvre systématique des ordinateurs et des «intelligences artificielles»). On lui doit notamment les «trois lois de la robotique» censées fixer des barrières éthiques au développement de ces machines.

Rappelons également, car ce n'est pas sans importance, que le seul véritable «réseau» de communication informatique qui existe à cette époque est un dispositif certes très vaste dans son ampleur (il s'agit de l'équivalent du Manhattan Project pour l'informatique), mais totalement inconnu du public car très étroitement classé «secret militaire»: le réseau américain de défense antiaérien SAGE [24], qui sera l'ancêtre du réseau Internet.

La société de l'information que nous décrit Asimov, dans la droite ligne des discours cybernétiques de l'époque, est bien entendu un monde imaginaire, situé sur une planète éloignée de la Terre, «Solaria». Le système de communication qui est au centre de la vie sociale de ce monde que nous décrit Asimov est une anticipation assez précise d'Internet. Les techniques de communication décrites dans le texte n'ont pas beaucoup d'importance pour la comparaison (il s'agit ici de robots qui servent d'intermédiaire pour la communication), car la fonction décrite est similaire.

De chaque point d'accès au réseau, et il y en a partout, on peut accéder aux autres. Le réseau transporte des images et du son. Des dispositifs audiovisuels, véritables ancêtres du multimédia, permettent d'accéder au savoir. Les images sont

---

23. Isaac ASIMOV, *Face aux feux du Soleil*, op. cit.
24. Philippe BRETON, *Histoire de l'informatique*, op. cit.

« virtuelles » (Asimov appelle cela la « stéréovision »). Cette description des dispositifs techniques s'accompagne d'une description du lien social particulier qui les accompagne. Celui-ci se caractérise d'abord par un tabou, central dans le monde imaginaire qui est décrit ici, celui de la rencontre directe. Les hommes et les femmes qui peuplent ce monde vivent seuls, de l'enfance jusqu'à la mort, entourés d'immenses propriétés et de très nombreux robots, tout en communiquant en permanence, *via* le réseau, avec les autres habitants.

Examinons ici, à partir de quelques extraits de dialogues du livre, ce que nous montrent ces descriptions, et comment la question d'un nouveau lien social s'y trouve posée.

Un monde sans rencontre

Asimov nous décrit d'abord cette possibilité, offerte aux habitants de Solaria, de communiquer en permanence, partout. Il ne donne que peu de détails techniques sur les moyens utilisés, à part que les communications passent par des machines anthropomorphes. C'est là la seule réelle différence avec les réseaux actuels, puisque la référence anthropomorphe dans la forme prise par les dispositifs techniques a disparu pour l'instant : « À partir de cette maison, Elijah [le personnage d'Elijah sert ici à nous expliquer pédagogiquement comment fonctionne la planète où il est étranger], vous pouvez obtenir une liaison par stéréovision avec n'importe qui sur la planète. Il n'y a pas le moindre problème. En fait cela vous épargnera l'ennui de quitter la maison pour le dehors [25]. »

La planète Solaria est entièrement maillée par ce réseau de communication et lorsque l'on veut « rencontrer » quelqu'un, la pièce où l'on se trouve est coupée en deux, et l'image de l'autre apparaît virtuellement (Asimov n'emploie pas cette expression d'apparition plus tardive). Le réseau reproduit le décor et fait figurer en trois dimensions la personne avec qui on est en contact. On peut ainsi « manger » avec quelqu'un qui est pourtant très loin : « À l'instant même, vous me visionnez. Vous ne pouvez pas me toucher, n'est-ce pas ? Ni sentir mon parfum, ni rien de tout cela. Vous le pourriez si vous me voyiez. Mais pour l'instant, je me trouve au moins à trois cents kilomètres de l'endroit où vous êtes. Ce ne peut pas être la même chose, donc

---

25. Isaac Asimov, *Face aux feux du Soleil*, *op. cit.*

Le tabou de la rencontre directe

[...] vous ne me voyez pas. Vous ne voyez qu'une image de moi : vous me visionnez [26]. »

Toute la question est évidemment dans cette différence entre la présence directe et la présence indirecte. Toute l'organisation du lien social va tourner autour de cette question. Cette société ne comporte pas de ville, chaque personne vivant seule dans une propriété séparée des autres, ni d'État. Les caractéristiques démographiques de cette planète sont un peu particulières : le nombre des habitants est constant, l'eugénisme est la règle et, dans le monde décrit par Asimov, on vit vieux mais on n'est jamais véritablement âgé (le corps et le mental ne se dégradent pas). Ainsi chacun, quel que soit son âge, reste toujours en possession de ses moyens physiques et intellectuels.

La nécessité de la séparation physique

Le tabou central, organisateur du lien social dans ce monde, est la rencontre physique : « Est-ce que vous vous voyez souvent ? » demande l'étranger à ce monde. « Hein ! Non et c'est heureux, nous ne sommes pas des animaux, dites-le-vous bien [27]. » Ce point est évidemment essentiel. La rencontre physique est identifiée à l'animalité, à la brutalité et à la violence. C'est ce tabou et son respect qui permettent aux membres de cette société de définir le caractère « civilisé » de leurs rapports.

Ce tabou est particulièrement bien intégré, car non seulement les moyens de communication permettent d'éviter toute rencontre mais lorsque celle-ci, par accident, peut se produire, elle est physiquement intolérable : « Nous avons parlé pendant quelques minutes ; de se voir face à face est une telle torture [28] » ; « Je pensais tolérer sans difficulté une présence effective, mais ce n'était qu'une illusion de ma part. J'étais à bout de résistance nerveuse en très peu de temps. [...] Cette phrase a fait surgir en moi la vision de nous deux, respirant... respirant l'air rejeté par l'autre. Et le Solarien eut un frisson. Vous ne trouvez pas cela répugnant [29] ? » Du coup, la sexualité est rejetée du côté de l'animalité (les enfants naissent grâce à des techniques de procréation artificielle). Il n'y a donc aucun dommage, ni aucune infraction au tabou à se montrer nu en image virtuelle devant

---

26. *Ibid.*, p. 74-75.
27. *Ibid.*, p. 76.
28. *Ibid.*, p. 78.
29. *Ibid.*, p. 160-161.

les autres : « Après tout, cela n'a pas d'importance, puisqu'il ne s'agit que de vision stéréo, dit Gladïa (après s'être montrée nue devant son interlocuteur)[30]. » Même les médecins pratiquent avant l'heure la « télé-médecine ».

Dans cette société, le dernier obstacle à la séparation physique la plus complète possible entre les individus qui la composent est l'éducation des enfants, qui doit encore se faire au début en groupe. Mais cette question est en passe d'être réglée : « Ces fœtus que vous voyez là-bas ont des branchies et une queue. Cela ne dure qu'un temps, mais on ne peut l'éviter. De même, les jeunes doivent passer par l'étape de la vie de groupe, comme les animaux. Mais ces fœtus réalisent en un mois ce que l'évolution a accompli en quelque cent millénaires. Pourquoi les enfants ne pourraient-ils pas "brûler" ce stade tribal ? Le docteur Delmarre professait qu'au cours des générations cette éducation sociale durerait de moins en moins si la courbe des progrès réalisés reste constante, nous aurons des enfants qui "mordront" à la stéréovision immédiatement[31]. »

Une nouvelle inaptitude à la communication directe ?

La pratique systématique de la communication par l'intermédiaire des ordinateurs et des réseaux est la réalité concrète du nouveau culte de l'Internet. On comprend mieux maintenant un certain nombre de pratiques suggérées aux internautes et qui relèvent toutes du même impératif : communiquez, tout le temps, toujours, à propos du plus de choses possible et quel qu'en soit le contenu ! Activer l'information : voilà le véritable rite auquel il faut sacrifier, à toute heure du jour et de la nuit.

Le prix de l'aisance apparente dans la communication médiatisée serait-il le développement de l'inaptitude à la confrontation directe ? Le culte de l'Internet impliquerait-il précisément ce sacrifice-là ? Dans l'univers du « tout-Internet », l'individu est conduit à disposer de son propre territoire géographique d'évolution, au sein duquel il n'a plus à négocier quoi que ce soit avec autrui. Chacun devient en quelque sorte souverain sur son propre territoire et ne trouve plus d'intérêt à se trouver sur celui d'autrui.

---

29. *Ibid.*, p. 160-161.
30. *Ibid.*, p. 73.
31. *Ibid.*, p. 195.

Le tabou de la rencontre directe

Dans l'allégorie mise en scène par Asimov, les domaines dans lesquels les uns et les autres habitent se situant à la campagne – si cette expression a encore un sens dans un monde sans villes –, leurs frontières sont étanches et infranchissables. «Respirer l'air rejeté par l'autre» devient totalement insupportable. Tel est bien l'idéal d'un Bill Gates, qui fait l'apologie d'une telle vie «à la campagne».

Les progrès attendus en matière de téléphonie mobile, et notamment la jonction avec Internet (le «Wap»), ne seront pas un obstacle à une telle séparation. On peut très bien se séparer des autres au milieu d'une foule. L'isolement est ici provoqué non par la géographie mais par le dispositif technique qui enserre les individus. On pourra bientôt réaliser, dit Paul Virilio, des «systèmes d'environnement virtuel portables[32]». Dans un certain sens, une telle «société» devient une société mondiale, non pas parce que les échanges auraient lieu dans un même «village planétaire» mais parce que chacun deviendrait à lui-même son propre monde. Voilà peut-être le sens le plus approprié qu'il faut donner aujourd'hui à la notion de «mondialisation».

---

32. Paul Virilio, *L'art du moteur*, op. cit., p. 183.

7

Une menace pour le lien social ?

Au bilan, qu'avons-nous trouvé jusqu'à présent ? Les discours émanant des milieux les plus actifs d'Internet sont marqués, voire déterminés, par une religiosité diffuse qui en constitue la véritable dynamique. Cette religiosité apparaît comme non déiste, spiritualiste, dualiste et antihumaniste. Elle prône l'unification des consciences, associant, dans un même continuum, hommes et «machines intelligentes». Elle suppose un mouvement de l'histoire qui va de la matérialité vers l'esprit, de la réunion des consciences jusqu'à leur absorption dans un tout planétaire unifié. Les pratiques essentielles de cette nouvelle religiosité sont la communication permanente, la séparation physique et la fin de la rencontre directe, un rapport de déni à la loi et à la médiation, la confusion entre la représentation et le représenté, entre le virtuel et le réel.

Cette croyance a-t-elle un avenir, ou n'est-elle que la simple écume qui accompagne les débuts, toujours enthousiastes, d'un nouveau paradigme technique ? Internet sera-t-il demain aussi invisible – et indispensable – que l'électricité, que plus personne aujourd'hui ne voit comme le support d'une nouvelle spiritualité ? Ou, au contraire, sommes-nous au point de genèse de cette «métamorphose de Dieu» qui conduirait le XXIe siècle vers de nouvelles spiritualités, en y associant l'univers des sciences et surtout des techniques ? Serions-nous entrés dans une ère de «transcendances sans Dieu»? demande Henri Tincq. Dans ces conditions, ajoute-t-il, «le mot de religion devient suspect, alors que celui de spiritualité est à la mode [1] ». Si tel était le cas, ne faudrait-il pas reposer la question de la laïcité dans le monde moderne et renouveler aussi cette problématique ? Ne devrions-nous pas avoir le choix de séparer Internet du culte dont il est l'objet ?

---

1. Henri Tincq, «La métamorphose de Dieu», supplément *Le Monde/L'Avenir*, 2000-2099.

Deux modèles de développement d'Internet

Le développement actuel d'Internet peut être analysé comme le fruit d'une tension contradictoire entre deux modèles de développement : la stratégie du tout-Internet, qui est en quelque sorte la vitrine de cette nouvelle religiosité, et l'approche plus pragmatique de tous ceux qui voient dans Internet un outil précieux, mais rien qu'un outil. Il est difficile d'évaluer l'influence respective de ces deux modèles. Nous faisons ici l'hypothèse qu'à l'aube du XXIe siècle la stratégie du tout-Internet est la plus attractive et qu'elle exerce en tout cas une réelle fascination, notamment sur la jeunesse. Beaucoup de jeunes voient en effet dans Internet la possibilité de réaliser la transformation de la société qu'ils appellent de leurs vœux. La nouvelle religiosité remplit d'une certaine façon le même rôle que les utopies révolutionnaires des années soixante et soixante-dix (nous avons d'ailleurs vu qu'il y avait une sorte de continuité d'influence de ce point de vue) : elle capte le désir de changement en le sortant de l'espace du politique.

Nous avons constaté également qu'une des raisons du succès de la nouvelle religiosité est la convergence, notamment, avec les valeurs du libéralisme. Tant que l'option « tout-Internet » correspondra sur le terrain avec l'ouverture de nouveaux marchés et la perspective de nouvelles sources de profit dans le monde des actionnaires, le modèle de développement actuellement dominant d'Internet perdurera. Il n'est pas exclu non plus que certaines transformations irréversibles liées à l'usage croissant d'Internet ne dispensent un jour les partisans du nouveau culte d'une alliance avec les idéaux libéraux, jugée embarrassante par ceux qui sont plus proches d'une tradition indifférente, voire hostile à la matérialité de l'argent et de la consommation.

Il serait tentant sur ce point de faire une analogie avec le bouddhisme : cette doctrine est attractive pour beaucoup car, dans une première étape, elle focalise l'attention sur le corps *et* sur l'esprit. Son succès doit beaucoup à l'attirance très contemporaine pour certaines pratiques hédonistes du corps et de la méditation. Mais l'étape suivante est bien différente, car il s'agit justement de dépasser cet attrait dans une perspective d'oubli, de déni du corps et de la pensée.

La légitimité du modèle dominant de développement d'Internet est construite sur les promesses dont il serait porteur. C'est ce dernier plan, plutôt que celui de la diffusion de croyances réservées finalement à quelques-uns, qui constitue le fond de l'argumentation de cette option tout-Internet auprès du grand public. Celui-ci a peu accès à l'arrière-plan religieux de toute l'affaire. Autrement dit, nous avons affaire à un déploiement en deux temps, où les promesses d'un mieux-vivre et d'un mieux-être permettent d'attirer progressivement les gens vers une nouvelle vision du monde. Comme on le dit déjà dans certains groupes religieux : pratique d'abord, tu comprendras après !

Ces promesses, et la condition de recomposition du lien social qui lui est associée, ne sont pas toutefois sans susciter de nombreuses interrogations, même si les conditions du débat sur ce sujet ne sont pas favorables à une claire évaluation des enjeux. Ces promesses se réaliseront-elles vraiment ? N'y a-t-il pas là, dans le développement rapide des nouvelles techniques de communication, un double risque – terrible – de solitude des personnes et de collectivisation de leur pensée ? Les fondements symboliques de notre culture ne sont-ils pas menacés sans que rien de consistant ne vienne les remplacer ? En somme, l'option tout-Internet, avant même qu'elle permette d'atteindre un hypothétique nouveau monde, ne risque-t-elle pas d'induire des effets négatifs, voire pervers ? C'est ce que craignent certains. Avant d'écouter leurs arguments, il est nécessaire de faire le point sur les conditions d'un débat apparemment difficile sur ces questions.

Une information aux limites de la propagande

Pour commencer, rappelons que, pour nous, la discussion doit sortir du faux débat «pour ou contre Internet» et porter plutôt sur les différents modèles de développement de cette nouvelle possibilité technique. L'approche «religieuse», qui conduit à faire l'apologie du «tout-Internet», n'est après tout qu'un modèle de développement parmi d'autres et il est respectable autant qu'il reste discutable.

Lorsque l'on examine la façon dont les non-spécialistes, c'est-à-dire la très grande majorité, sont informés, on constate qu'ils le sont de façon très unilatérale. Trois remarques à ce sujet : d'abord, bien que l'ensemble des discours sur Internet baigne dans une religiosité diffuse et se déploie sur le registre de la promesse, les véritables ressorts de ce nouveau culte ne sont que très rarement explicites ; ensuite, la place croissante prise par Internet est souvent présentée comme «inéluctable» ; enfin, les nouvelles technologies nous sont présentées sous un angle «déterministe» (les réseaux informatiques vont *automatiquement* changer en profondeur et pour le meilleur nos modes de vie). D'une façon générale, on constate qu'il n'y a pratiquement pas de débat de société sur ces questions. C'est sans doute qu'il n'y a pas, comme dans le cas du nucléaire ou des organismes génétiquement modifiés, conscience d'une menace immédiate. Le lien social est une donnée plus abstraite que l'environnement ou l'alimentation.

Une quasi-clandestinité

Il y a sans doute plusieurs raisons au fait que cette religiosité et les propositions radicales de transformation du lien social qu'elle implique ne soient pas mieux connues du grand public. L'une d'entre elles tient au fait que le point de vue antihumaniste explicite de ces nouvelles conceptions heurte en général l'opinion. L'idée selon laquelle l'homme est au centre du monde et devrait être la première source de nos préoccupations en tant qu'humains est fortement implantée au cœur de nombreuses cultures. Toute proposition qui va dans un autre sens suscite immédiatement réserve et hostilité.

De ce point de vue, l'expérience de la cybernétique des années quarante est intéressante. Les grands auteurs de cette période n'ont eu de cesse de vulgariser leur point de vue, par exemple sur l'absence de différence ontologique entre les hommes et les machines. La sanction a été très forte : le milieu cybernétique s'est rapidement déconsidéré et a pratiquement dû passer dans une semi-clandestinité. La résistance de l'humanisme qui nourrit notre culture est malgré tout très forte.

Les auteurs qui essayent aujourd'hui, autrement que sur le registre de la science-fiction, de défendre un point de vue similaire sont confrontés à de véritables difficultés. On citera ici, sans les comparer tout à fait, d'une part, les débats très vifs – c'est un euphémisme – suscités par le philosophe allemand Peter Sloterdijk, lorsqu'il défend des thèses classiques de l'ancienne cybernétique en expliquant par exemple qu'« il n'y a plus que cette dernière différence métaphysiquement codée séparant l'organisme de la machine, ou ce qui est né et ce qui est fabriqué, qui résiste encore à l'irruption de la pensée du continu postmétaphysique [2] », et d'autre part la difficile réception de l'ouvrage cité de Pierre Lévy, *World philosophie*, notamment en France.

---

2. Peter SLOTERDIJK, « Le centrisme mou au risque de penser », *loc. cit.*

L'idée selon laquelle les machines pourraient devenir intelligentes est certes couramment reprise dans les médias, mais elle dépasse rarement le statut de curiosité scientifique ou d'utopie exotique. Nombre des résistances que suscite Internet sont liées à la conscience plus ou moins précise mais néanmoins déterminée qu'il se joue là quelque chose qui pourrait se retourner contre l'homme. Le problème est évidemment que cette résistance jette le bébé avec l'eau du bain, les bonnes techniques avec le projet planétaire qui leur est associé.

De ce fait, la nouvelle religiosité avance en partie masquée dans ses contenus explicites, tout en imprégnant fortement, à un niveau «intermédiaire», la plupart des messages qui font la promotion d'Internet. Cela est particulièrement vrai pour la publicité, qui ne se contente jamais d'informer sur les fonctionnalités des produits qu'elle vante, et tente souvent de construire leur légitimité. Ainsi, pour beaucoup de gens, Internet est associé à tout un ensemble de valeurs – comme l'universalité, la communauté, la liberté, la connaissance –, sans qu'ils puissent forcément faire le lien entre elles, et reconstituer la croyance qui est en arrière-plan. Chaque transformation d'une activité sociale en une activité prise en charge par le réseau, comme le commerce électronique par exemple, est en général évaluée isolément. Chaque étape de l'«internétisation» du monde est en soi fascinante et anodine. C'est l'ensemble qui pose problème. Le public se voit proposer de pratiquer ce nouveau culte pas à pas, sans qu'il puisse en voir toutes les conséquences.

Une forme de prosélytisme

D'où l'aspect parfois propagandiste et prosélyte de l'opération : matraquage systématique de messages implicites, répétés jusqu'à saturation et provoquant l'adhésion à des valeurs du seul fait de leur énonciation, tout en masquant les conséquences plus profondes de cette adhésion[3]. «Combien de temps encore, demande à ce sujet Lucien Sfez, allons-nous subir la propagande (le mot n'est pas trop faible) de la presse et du gouvernement en faveur d'Internet, huitième merveille du monde, hors de laquelle il n'est point de salut[4]?» Il serait certai-

---

[3]. Sur la méthode d'analyse des techniques de manipulation de ce type, on pourra se reporter à notre ouvrage : *La parole manipulée*, La Découverte, Paris, 1998.
[4]. Lucien SFEZ, préface au n° 40 de *Quaderni*, 1999-2000, p. 7.

Une menace pour le lien social ?

nement trop fort de parler à ce propos de mécanisme sectaire, mais certains traits du culte de l'Internet n'en sont pas éloignés.

Les technologies numériques sont l'occasion d'un immense tapage qui se répercute partout, à la télévision, dans les médias, dans la publicité, dans les discours politiques aussi bien que les conversations quotidiennes. « Il faut que je m'y mette », entend-on souvent dans la bouche de personnes qui donnent plus l'impression de céder à une pression sociale que d'exprimer un véritable besoin. « Je ne veux pas prendre le train en marche », ajoute-t-on souvent en guise d'argument (pour s'autoconvaincre).

Passé un certain seuil de diffusion, un objet technique devient indispensable, même s'il n'est pas souhaité et si son usage pose problème. En 2000, il devient difficile pour beaucoup de se passer d'ordinateur, demain du courrier électronique ou du téléphone portable, qui seront incontournables sous peine d'isoler socialement les récalcitrants ou ceux qui proposent des solutions alternatives minoritaires. C'est pour atteindre ce seuil que la publicité vise d'abord les couches sensibles à toutes les formes de néopropagandes, notamment la jeunesse, cible privilégiée de la promesse d'un monde nouveau.

L'engouement récent pour la « netéconomie » a montré la puissance d'un tel discours. Les vagues massives d'achat d'actions des entreprises liées à Internet n'ont pas concerné que des spéculateurs avides de profits immédiats. La propagande en faveur du tout-Internet a attiré vers la Bourse bien des personnes pour qui tout cela était nouveau et qui ont été jusqu'à emprunter de l'argent pour l'occasion. De même qu'il *faut* se connecter à Internet, il fallait participer à l'économie de ce secteur et rejoindre la Promesse. L'argent est bien ici une mesure du nouveau monde qu'annoncent les nouvelles technologies de l'information. Mais il s'agit pour l'essentiel d'un argent spéculatif, dans une économie qui frise en permanence le krach boursier[5]. Lorsque le temps de l'argent se calque sur la temporalité de l'information, il en acquiert la dangereuse volatilité.

On se souviendra, comme illustration emblématique de cette puissance du discours sur Internet, de la campagne de communication conduite au début de l'année 2000 par France Télécom, qui a conduit à augmenter de façon irrationnelle sa capitalisation boursière. Au terme de cette campagne, et en une seule journée, le jeudi 3 mars, la valeur boursière de l'entreprise a

---

5. Sur ces questions, on pourra consulter avec profit l'ouvrage de Solveig GODELUCK, *Le boom de la netéconomie, op. cit.*

Le culte de l'Internet

augmenté de... 295 milliards de francs. Cette campagne a débuté par une vague massive de publicité, dont le texte est pour nous sans surprise, car il s'agit de l'énième déclinaison du même thème.

Par exemple, dans une pleine page (la dernière) du quotidien *Le Monde*, on pouvait lire : « Aujourd'hui avec France Télécom, la vie de chacun est plus riche en échanges et en possibilités. C'est une nouvelle vie qui commence. » La publicité reprenait ainsi le nouveau slogan inauguré par France Télécom le 29 février 2000, « Bienvenue dans la vie.com ». Parallèlement, le P-DG, Michel Bon, multipliait les effets d'annonce, sans rien promettre concrètement, sinon d'orienter plus tard la société vers les activités Internet. Le contexte général dans lequel cette opération a pu réussir montre bien l'importance de la parole et de la promesse. Comme le dit, dans l'article commentant l'affaire, le journaliste Enguérand Renault : « Pour avancer, les mots comptent plus que les faits[6]. » On ne saurait mieux dire.

La révolution Internet va-t-elle se poursuivre ?

Le thème de l'« inéluctabilité » de la « révolution Internet » est partie intégrante du discours promotionnel qui a envahi les médias à la fin des années quatre-vingt-dix. Celui-ci annonce une révolution des modes de vie et de la société elle-même, que rien ne pourra arrêter. Le message est clair et dévastateur du point de vue démocratique : nous n'avons désormais plus rien à dire sur les changements majeurs qui sont censés nous affecter !

L'ossature du discours sur la société de l'information est un raisonnement déterministe. L'universitaire canadien Marshall McLuhan a joué un grand rôle dans la conception et la diffusion de cette vulgate dans le champ de l'étude des communications. Comme l'explique Dominique Wolton, « ces visions technicistes du futur sont toutes fondées sur l'idée, dominante aux États-Unis, de la primauté de la technologie sur la société. Leur plus grand défaut est de méconnaître l'histoire. [...] Obnubilés par la technologie, ils ne savent pas que les sociétés humaines ont toujours été plus compliquées que les technologies les plus sophistiquées[7] ». L'hypothèse déterministe est trop *intéressée*, de

---

6. Enguérand RENAULT, *Le Monde*, 4 mars 2000, p. 23.
7. Dominique WOLTON, cité par Sylvain CYPEL, « Cybéria ou Cyberkeley, ou comment Internet peut anéantir ou favoriser les libertés », supplément *Le Monde/ L'Avenir*, 2000-2099.

Une menace pour le lien social ?

la part de ceux qui en font la base de leur raisonnement, pour être une véritable hypothèse de travail. Cela n'empêche pas qu'elle soit extrêmement répandue, au point de devenir un véritable lieu commun et qu'elle conditionne largement notre vision de l'« impact des nouvelles technologies de l'information sur la société ».

L'inéluctabilité de la « révolution Internet » s'appuie sur une autre hypothèse, qui se révèle en fin de compte assez fragile, celle qui postule la poursuite à l'infini de la numérisation des activités humaines, condition *sine qua non* du développement tous azimuts d'Internet. Or, la révolution technique dans le domaine de l'information est peut-être, et pour longtemps, condamnée à ne se déployer que dans les seuls secteurs de l'activité humaine qui fonctionnaient déjà sous une forme « informationnelle », même non numérique, comme par exemple toutes les données financières et comptables, qui ont été les premières à être informatisées. Car bien d'autres domaines « résistent » sérieusement et résisteront probablement encore longtemps, comme par exemple tout ce qui relève de la parole humaine, que les ordinateurs s'acharnent, et pour cause, à ne pas comprendre. Les gisements d'information sont donc limités et, une fois que l'on aura numérisé tout ce qui peut l'être (la dernière étape étant le contenu de nos communications médiatisées), la révolution s'essoufflera d'elle-même.

Même sur le plan strictement technique, les développements actuels paraissent à beaucoup assez conservateurs. Robert Cailliau, co-inventeur du « Web », n'hésite pas à déclarer : « Pour parler franchement, je suis un peu déçu. Je ne trouve pas que le Web évolue si rapidement. [...] Au fond, c'est toute l'informatique qui souffre d'un non-changement de paradigme. Les ordinateurs vont toujours plus vite, mais il n'y a quasiment pas de nouvelles idées : l'architecture est toujours la même, le fonctionnement aussi [8]. »

Ce que certains vivent subjectivement comme le début d'une grande révolution permanente n'est peut-être que l'effet d'aboutissement et de maturité d'un processus en cours depuis maintenant une cinquantaine d'années [9]. Il est vrai que la dernière

---

[8]. Robert Cailliau, « Entretien : Internet et audiovisuel au-delà de la convergence », *Dossiers de l'audiovisuel*, n° 89, INA, Paris, janvier-février 2000, p. 10.

[9]. Ce qui rejoint la thèse de Alain Le Diberder, qui explique dans son dernier livre (*Histoire d'@, op. cit.*) que l'essentiel des innovations technologiques à la base de la « révolution Internet » datent de la décennie soixante-dix, concrétisant des intuitions formulées vingt ans plus tôt.

étape de ce processus est la plus visible et la plus spectaculaire, car elle concerne les communications et les relations sociales.

Quelques effets pervers du nouveau culte

Quoi qu'il en soit, il y a actuellement assez de réalisations techniques dans le domaine des communications – même si tout progrès devait s'arrêter aujourd'hui – pour imaginer que quelques effets pervers puissent tempérer l'optimisme unilatéral des « nouveaux planétaires ». Certaines promesses risquent de se transformer en leur contraire.

Déjà, dans les années soixante, certains informaticiens clairvoyants et non dénués d'influence sur leurs pairs s'étaient demandé si ce « changement » n'allait pas paradoxalement dans un sens très conservateur. Joseph Weizenbaum, dont Lewis Mumford disait à juste titre qu'il serait « encore lu dans un demi-siècle », affirme que « l'ordinateur, dans ces conditions (celle des années cinquante), a servi à préserver les institutions sociales et politiques de l'Amérique. Il les a soutenues et immunisées, du moins provisoirement, contre l'énorme pression pour le changement [10] ».

Beaucoup craignent aujourd'hui qu'une société « transparente » ne devienne en fait une société sécuritaire où l'individu ne dispose plus que de marges très étroites de liberté. La promesse de « plus d'égalité » fait en général sourire les observateurs les plus attentifs qui constatent un immense décalage entre le discours et la réalité. On ne retiendra ici, à titre d'exemple, que trois contradictions déjà apparentes entre l'abstraction des promesses et la réalité. Elles concernent la promesse de « plus de pouvoir au consommateur », celle d'une vie plus « collective » et celle de « plus d'égalité ». Beaucoup d'autres promesses pourraient être ainsi passées au crible. Cela montrerait qu'au bout du compte les premières marches vers le monde idéal risquent le plus souvent de conduire à une régression plutôt qu'à un progrès.

---

10. Joseph WEIZENBAUM, *Puissance de l'ordinateur et raison de l'homme*, *op. cit.*, p. 23.

Un recul des libertés

Il est inutile de revenir ici sur les dangers, maintes fois cités, qu'une société du tout-Internet pourrait faire peser sur les libertés publiques. Remarquons simplement que, si ces dangers ne sont pas visibles, c'est qu'ils sont « seulement » potentiels pour une partie d'entre eux. Nos sociétés libérales démocratiques ont un gant de velours pour ce qui concerne le respect des droits individuels formels. L'Internet systématique serait en revanche un redoutable outil entre les mains de fer d'un régime non démocratique.

Cette potentialité est d'ailleurs en partie actualisée. On connaît mieux maintenant les ambitions du réseau Échelon, dénoncées dans un rapport du Parlement européen [11]. Malgré les dénégations du gouvernement américain, la National Security Agency (NSA) est accusée de se livrer à une activité d'interception systématique des communications mondiales, notamment celles qui transitent par Internet. Il semble que les opinions publiques n'aient pas encore pris la réelle mesure de cette vaste entreprise d'espionnage. Les fondamentalistes d'Internet sont quant à eux pris au piège de leurs croyances dans la nécessité d'une transparence systématique. Peut-être diront-ils, là aussi, que ceux qui n'ont rien à cacher n'ont rien à craindre ?

Les libertés sont également menacées, très concrètement, par un développement inattendu des aspects les plus brutaux du commerce électronique. Tel est le thème du rapport 1999 de la Commission nationale pour l'informatique et les libertés (CNIL), en France, qui s'inquiète du développement de la « cybersurveillance » et des conditions du commerce électronique.

La suppression des médiations dans le commerce rend les choses plus faciles, trop faciles au goût de certains, comme Solveig Godeluck, qui rappelle qu'il suffit de cliquer sur une icône pour passer de la décision d'achat au paiement en ligne : « Les impulsifs ont intérêt à se policer [12]. » La journaliste rappelle les résultats d'une enquête américaine qui montre qu'en 1999 25 % des internautes affirment être incités à l'achat par la

---

11. Development of Surveillance Technology and Risk of Abuse of Economic Information, STOA, Luxembourg, 1999. Ce rapport est composé de cinq documents différents, dont celui rédigé par Ducan CAMPBELL, le journaliste écossais qui a révélé l'existence du système Échelon dès 1988. (On pourra trouver le texte de son rapport dans *Interceptions Capabilities 2000*, à l'adresse suivante : http://www.cyber-rights.org/interception/stoa/interception_capabilities_2000.htm.)

12. Solveig GODELUCK, *Le boom de la netéconomie, op. cit.*, p. 122.

« net-réclame », alors que seuls 14 % des lecteurs de journaux et 11 % des téléspectateurs le sont.

Les promesses de « redonner son pouvoir » au consommateur paraissent bien abstraites face aux très nombreuses tentatives des régies publicitaires sur Internet de violer la vie privée des internautes. Le principe est simple, et il n'a pas attendu les nouvelles technologies de l'information : plus le publicitaire connaît la vie, les goûts, les habitudes de celui à qui il s'adresse, plus il pourra « adapter » son message et accroître les chances de séduire son interlocuteur, donc de vendre. Les grandes régies américaines implantent, en toute légalité, des petits logiciels dans la mémoire des ordinateurs de ceux qui sont connectés sur Internet : ces « cookies » permettent de suivre les déplacements sur le réseau de leurs propriétaires et de connaître leur personnalité.

Certaines régies, comme Doubleclick, la plus grande entreprise mondiale de ce type, sont accusées de croiser ces données avec des fichiers nominatifs. La transparence est ainsi totale. Le tout s'inscrit dans un contexte où la séparation entre les textes « de contenu », comme les articles de journalistes ou des critiques de livres ou de disques, et des textes « publicitaires » est de moins en moins nette. Il suffit de regarder une page d'un fournisseur d'accès pour voir que les frontières sont particulièrement floues. Cette véritable mine d'or, qui comble les rêves les plus fous des publicitaires, est à l'origine des cotations en Bourse fabuleuses de tous les sites qui captent l'attention de l'internaute. Exprimant le point de vue de nombreux journalistes, Éric Dupin y voit un grave danger [13], celui d'une manipulation sans précédent du consommateur.

La désynchronisation des activités sociales

L'espoir d'une société plus « collective » apparaît par ailleurs bien contradictoire avec la désynchronisation des activités sociales que l'option tout-Internet autorise et encourage. Le caractère interactif des relations dans le monde des nouvelles technologies de l'information se double d'une insistance étrange sur ce que certains appellent la nécessité d'une communication « asynchrone ». Ce thème, présent en filigrane dans le texte d'Asimov, est très marqué dans certains propos plus récents comme ceux de Nicholas Negroponte. Celui-ci soutient que demain, « dans la

---

13. Éric Dupin, « Mélange virtuel, danger réel. Sur le Net, la frontière entre information et publicité est de plus en plus ténue », *Libération*, 25 février 2000, p. 5.

Une menace pour le lien social ?

vie numérique, la diffusion en temps réel n'occupera qu'une très petite place. [...] L'information à la demande va dominer la vie numérique. Nous allons demander explicitement et implicitement ce que nous voulons, quand nous le voulons [14] ».

L'un des projets du directeur du Medialab au MIT consiste à mettre au point des interfaces numériques, sortes d'« assistants personnels » qui permettent à l'individu de saisir toutes les informations dont il a besoin au moment où elles sont produites mais en les lui restituant au moment et sous la forme qu'il a choisie. Par exemple, Negroponte imagine qu'« une autre façon de voir un journal est de le considérer comme une interface avec les informations. [...] Imaginez qu'un jour votre agent d'interface puisse lire tous les télex, tous les journaux, capter toutes les émissions de TV et de radio de la planète, et vous faire un résumé personnalisé. Ce genre de journal n'existe qu'à un seul exemplaire. [...] Il mêlerait les grands titres de l'actualité à des faits moins importants concernant vos relations, les gens que vous verrez demain, et les endroits où vous vous apprêtez à aller ou d'où vous rentrez. Il vous informerait sur les entreprises que vous connaissez [...] Appelons-le "Mon Monde" [15] ».

Ce clin d'œil au quotidien français *Le Monde* sonne bien curieusement dans le contexte d'un nouveau lien social où, si l'on comprend bien, on ne participe plus jamais à un projet collectif qui impliquerait une quelconque simultanéité et on ne rencontre plus jamais ce à quoi on ne s'attend pas. Éric Klinenberg, professeur de sociologie à l'université de Californie, note, dans son analyse de l'appauvrissement de l'information sur Internet, que le réseau offre des données sur le monde entier mais que, « en pratique, les internautes ne l'utilisent que pour amasser des informations qui les touchent plus particulièrement. [...] Il s'agit à la fois d'attirer un public égoïstement tourné vers lui-même et les publicitaires qui cherchent à l'atteindre [16] ».

Dans ce monde moyen, sans surprise et sans conflit, les interactions virtuelles se déroulent dans un espace où les uns sont toujours décalés par rapport aux autres. Celui-ci est bien loin, dans sa réalité, des promesses d'en finir avec la « séparation des humains ».

---

14. Nicholas NEGROPONTE, *L'homme numérique, op. cit.*, p. 211.
15. *Ibid.*, p. 191-192.
16. Éric KLINENBERG, « Big city news ou l'information appauvrie », *in* Henry LELIÈVRE (sous la direction de), *Les États-Unis, maîtres du monde ?* Complexe, Bruxelles, 1999, p. 107.

Un accroissement des inégalités

Il existe déjà – on ne peut pas dire encore, car certaines d'entre elles tendent à s'accroître – de nombreuses inégalités dans le domaine de l'accès à la communication et à ses techniques de base : la lecture, l'argumentation. La révolution de l'imprimerie n'est pas terminée pour beaucoup. On peut craindre que le nouveau monde, loin de réduire les inégalités dans l'accès au savoir, ne se développe sur un renforcement des strates d'inégalités déjà présentes. Les cinq millions d'illettrés et d'analphabètes que l'on compte en France constituent déjà une première masse d'exclus du système du savoir. Ceux qui sont exclus de l'accès et surtout de la compréhension des procédures algorithmiques nécessaires à la manipulation des nouveaux outils risquent de s'ajouter à ce contingent. Tout le monde n'est pas naturellement familier avec la tournure d'esprit qu'impliquent les nouvelles technologies de l'information et, de ce point de vue, paradoxalement, l'école ne fait pas grand-chose pour aider les élèves à acquérir les savoirs de base.

Cette crainte est particulièrement accentuée pour les pays du tiers monde. On rappelle souvent que l'ensemble de l'Afrique dispose de moins de lignes téléphoniques que New York ou Tôkyô. Cela permet de prendre la mesure d'un décalage qui risque de se creuser plutôt que de se combler. Nous sommes très loin des discours sur la « réunification de la conscience universelle » et plus proche de la figure, hélas classique, de l'accroissement de la domination de quelques-uns, du fait de la maîtrise des outils qui donnent la puissance. Il est plus réaliste de parler, comme le font Jean-Paul Fitoussi et Pierre Rosanvallon, d'un « nouvel âge des inégalités [17] ».

Il faut bien constater que, dans l'ensemble, la création d'emplois grâce aux nouvelles technologies de l'information n'est pas l'eldorado annoncé. Serge Halimi, journaliste au *Monde diplomatique*, remarque : « Au total, moins d'actifs travaillent dans les sociétés de services informatiques et de logiciels que pour les trois [principales] chaînes d'hypermarchés [18]. » La puis-

---

16. Éric KLINENBERG, « Big city news ou l'information appauvrie », *in* Henry LELIÈVRE (sous la direction de), *Les États-Unis, maîtres du monde ?* Complexe, Bruxelles, 1999, p. 107.

17. Jean-Paul FITOUSSI et Pierre ROSANVALLON, *Le nouvel âge des inégalités*, Seuil, Paris, 1996.

18. Serge HALIMI, « À propos du modèle américain », *in* Henry LELIÈVRE (sous la direction de), *Les États-Unis, maîtres du monde ? op. cit.*, p. 50.

sante entreprise Microsoft, qui pèse à la Bourse plusieurs centaines de milliards de dollars, emploie seulement... 24 000 salariés. Certes, 90 % d'entre eux sont millionnaires, mais tout cela annonce un monde profondément inégalitaire.

Personne ne conteste vraiment aujourd'hui que les riches sont plus riches, que l'écart des revenus s'accroît vertigineusement et que, comme le soutient l'économiste Alain Lipietz, le nouveau marché de l'information conduit à un éclatement des classes moyennes [19]. La suppression de la médiation – beaucoup de professions des classes moyennes en relèvent – que permet le tout-Internet en est d'ailleurs un des facteurs essentiels. On craint plutôt, comme le dit Erik Izraelewicz, le renforcement d'une « hyperclasse », une « élite branchée sur Internet qui dominera le monde ». Ces nouveaux cosmopolites, qui sont les seuls vrais « planétaires » que l'on connaisse jusqu'à présent, vivent, selon Jacques Attali, dans une « société volatile, insouciante de l'avenir, égoïste et hédoniste, dans le rêve et la violence [20] ».

Le fantasme de la mort de l'homme

La liste des critiques pourrait encore être allongée. Les promesses sont en effet tellement nombreuses que l'on est à peu près sûr que le réel résiste. Le kitch néobouddhiste cache mal la dure réalité du monde. L'hypothèse qu'advienne une société du tout-Internet, telle qu'elle est appelée de ses vœux par les fondamentalistes, est en fait très faible, pour ne pas dire invraisemblable. Le problème n'est donc pas là. Il est plutôt dans les effets réels, immédiats que l'adhésion à ces croyances peut provoquer.

Internet est, de ce point de vue, le cheval de Troie de valeurs profondément antihumanistes, traversées par le fantasme de la mort de l'homme. La nouvelle religiosité est, *stricto sensu*, une hérésie de l'humanisme. Son succès intervient sur un fond de crise, crise des valeurs et du lien social, problèmes récurrents posés par la permanence d'une violence destructrice.

Le culte de l'Internet se présente le plus souvent comme une alternative de civilisation, face à des vieilles valeurs humanistes

---

19. Alain Lipietz, *La société en sablier*, La Découverte, Paris, 1998.
20. Cité par Erik Izraelewicz, « Une hyperclasse ? Quand une élite branchée sur Internet dominera le monde », supplément *Le Monde/L'Avenir*, 2000-2099.

qui auraient fait faillite. Les difficultés réelles d'une société mondiale en pleine mutation servent ainsi de toile de fond au succès des nouvelles croyances.

Un succès sur fond de crise des valeurs

Les croyances dans l'information et la transparence, comme nous l'avons vu, opèrent un profond bouleversement dans l'ordre des valeurs : l'homme n'est plus la pièce maîtresse de cette nouvelle religiosité sans centre et sans Dieu, la conscience individuelle est susceptible d'être «collectivisée» et transférée aux machines, la noosphère du cyberespace se substitue à l'organisation sociale politique des sociétés telles que nous les connaissons.

En fait ce sont trois valeurs essentielles du monde moderne qui sont visées ici, d'autant plus facilement qu'elles traversent une crise d'adaptation sans précédent. Ces valeurs d'origines différentes se sont historiquement nouées en une sorte de synthèse provisoire, à la fois solide dans ses effets concrets et fragile car appelée à une évolution nécessaire.

Par ordre d'apparition chronologique, on distinguera l'héritage monothéiste juif de la loi, l'importance conférée depuis la révolution démocratique athénienne à la parole et, enfin, affirmée avec netteté au sein du monde chrétien, la représentation de l'homme comme individu, doté d'une intériorité. Ces trois thèmes, la loi, la parole, l'individu, se sont progressivement détachés de leurs milieux historique et géographique d'origine pour devenir des valeurs sinon universelles, au moins à prétention d'universalité. Plus besoin d'être juif de l'ancienne Palestine pour croire en l'importance de la loi pour régler les rapports humains. Plus besoin d'être citoyen d'Athènes ou de Syracuse pour mettre la parole au centre de la société des hommes. Plus besoin d'être chrétien pour voir en l'homme un individu libre intérieurement.

En s'universalisant, ces valeurs sont devenues à la fois laïques, c'est-à-dire détachées de leur substrat religieux, et sacrées, au sens où nous acceptons qu'elles nous transcendent. Ces trois valeurs ont fait convergence : l'individu est destinataire de la loi et c'est lui seul qui se tient responsable devant elle. Elle le dépasse et en même temps c'est lui qui la fabrique, par le jeu de la parole collective et de l'assemblée des individus libres. L'individu n'existe qu'à travers sa parole, doublement issue de sa mémoire intérieure et de la rencontre avec la parole de l'autre.

Cette société de la loi, de la parole et de l'individu a été construite en rupture avec l'ancienne société «holiste», pour reprendre l'expression de l'anthropologue français Louis Dumont, spécialiste de l'histoire de l'individualisme[21]. Elle s'oppose à la croyance dans le destin, à la reproduction cyclique, aux inégalités organiques, à la vengeance privée, aux systèmes de castes, qui ont constitué – et constituent encore – des tentations de l'évolution sociale. Elle nourrit ce qu'on appelle l'«humanisme».

Tout le XXe siècle, cet immense «château de Barbe-bleue», pour reprendre l'expression de George Steiner[22], a été une longue hésitation dans la croyance aux vertus de l'humanisme. La crise de confiance dans l'homme est immense, comme la défiance vis-à-vis de la parole politique. Quant à la loi, elle est doublement soupçonnée d'être au service des plus forts et de n'être finalement qu'un carcan sans nécessité. Le culte de l'Internet semble se nourrir d'une opposition à ce triptyque fondateur de notre modernité. Son succès semble directement proportionnel à cette crise de confiance.

Les effets concrets de l'attaque contre l'humanisme

Qu'Internet avance ou pas dans la direction vers laquelle les fondamentalistes tentent de l'attirer, les effets d'un discours antihumanistes ne s'en font pas moins sentir au présent. Deux représentations fondamentales sont en train de vaciller sous nos yeux : celle de l'être-ensemble comme relevant de la vie en société et celle de l'être humain comme doté d'une singularité indépassable.

À force de répéter que la vie idéale est celle où nous serions séparés, où la rencontre directe serait réduite à la portion congrue, on menace au présent un lien social déjà en difficulté. On sape les efforts de tous ceux qui tentent d'apprendre aux hommes à simplement «vivre en société» pour pouvoir la transformer dans le sens de l'intérêt commun. Ce que les fondamentalistes d'Internet proposent n'est rien moins qu'une suppression progressive de cette vie en société, pour la remplacer par une

---

21. Louis DUMONT, *Essai sur l'individualisme. Une perspective anthropologique sur l'idéologie moderne*, Seuil, Paris, 1983.
22. George STEINER, *Dans le château de Barbe-Bleue*, Gallimard, coll. «Folio essai», Paris, 1973.

simple « coexistence » dont rien ne prouve qu'elle sera pacifique mais dont tout indique qu'elle sera conservatrice.

L'autre s'y trouve avoir une position qui doit toujours obéir à la règle d'or de la communication interactive : être là quand je le veux, sous une forme que je contrôle et dans la partie de mon territoire que je lui assigne. La socialité, au sens de la mutualité, disparaît au profit de l'interactivité. L'expérience de la relation avec l'autre, et avec le monde en général, est remplacée par la virtualité de relations très réactionnelles, rapides, peu engageantes.

Le fantasme du « cybersexe » émane de cette vision instrumentale, au cœur même de l'activité humaine qui requiert le plus de présence à l'autre (celui-ci était curieusement mis en scène – sans technologie ni « cybercombinaisons tactiles » – dans le film *Le dernier Tango à Paris*, où l'idéal d'anonymat des relations postmodernes était poussé à l'extrême, jusqu'à ce qu'un des partenaires avoue que le mieux serait maintenant de « faire l'amour sans se toucher »). N'oublions pas que la pornographie, cette fête sombre qui sanctifie l'absence de l'autre, occupe une part non négligeable de l'activité sur Internet. Selon Michel Gensollen, « le cybersexe représente 25 % du trafic, le tiers des requêtes sur Yahoo! ; un internaute sur quatre visite chaque jour un site pour adulte ; c'est le premier usage au domicile (le quart des pages vues) et le second usage sur le lieu de travail (20 % des pages vues) ; 10 % du commerce électronique aujourd'hui est du commerce X [23] ». On remarquera incidemment que les « relations sexuelles » avec des partenaires anonymes *via* Internet, bien que virtuelles, risquent de heurter un interdit fondateur de la civilisation, celui de l'inceste. Rien ne dit que le partenaire anonyme d'un tel jeu à distance ne soit pas un membre de votre famille...

Il semble qu'un certain nombre de personnes succombent déjà à cette tentation de vivre désormais seules dans un tel univers. Selon certaines enquêtes sociologiques, la pratique d'Internet tend, si l'on n'y prend pas garde, à désocialiser les individus. Une recherche conduite à Pittsburg (États-Unis) par l'équipe de Robert Kraut, auprès de 256 personnes pendant deux ans, a montré que « l'utilisation d'Internet diminue le cercle de relations sociales proches et lointaines, augmente la solitude, diminue légèrement la quantité de support social et augmente les sen-

---

23. Michel GENSOLLEN, « La création de valeur sur Internet », *loc. cit.*, p. 23.

timents dépressifs [24] ». Des solitaires d'un genre nouveau apparaissent partout, qui n'entretiennent plus qu'un rapport informationnel et instrumentalisé au monde qui les entoure. Ces « néomystiques » construisent un « lien social » qui n'est plus tout à fait celui d'une société humaine.

Ce détachement de l'homme de lui-même et de la société paralyse toute velléité de changement, ou plutôt l'épuise dans le changement technique qui serait le seul moteur de l'évolution. On peut craindre que la société mondiale de l'information ne se révèle totalement invertébrée du point de vue de sa capacité de transformation. Le culte de l'Internet se révèle ainsi être une impulsion profondément conservatrice sur le plan de la civilisation.

Une autre figure est en train de se modifier sous nos yeux : la représentation de l'homme comme être humain. On assiste par exemple depuis quelques années déjà, selon Sherry Turkle, à un affaiblissement de la métaphore de l'intériorité pour penser l'individu et à son remplacement par la métaphore du « programme [25] ». La psychologue américaine a observé que la vision freudienne traditionnelle de l'inconscient, qui était devenue une figure populaire de la métaphore de l'intériorité, devient, dans l'univers nord-américain, caduque, et qu'elle est remplacée par des métaphores informationnelles. L'acharnement contre la psychanalyse va de pair avec le nouveau culte de la communication sans intériorité. L'engouement pour le postmodernisme et la mort du « sujet » complètent ce tableau pessimiste [26].

Le souhait de détacher la conscience du corps et en même temps de la fondre ou de la « transférer » dans une transcendance collective fragilise la délicate construction de l'individu moderne ; et il accentue la tentation de le détacher de son corps comme constituant de son identité.

---

24. Cité dans *Sciences humaines*, n° 108, août-septembre 2000, p. 10. Le rapport de recherche de Robert Kraut *et al.*, « Internet paradox : a social technology that reduces social involvment and psychological well-being ? » est disponible sur le site www.apa.org/journals/
25. Sherry Turkle, *Les enfants de l'ordinateur*, Denoël, Paris, 1986.
26. Voir à ce sujet : Céline Lafontaine, « La cybernétique, matrice du posthumanisme », *Cités*, PUF, Paris, septembre 2000.

Le nouveau culte est-il immoral ?

Derrière cette crise de l'humanisme, doublée des attaques en règle dont les nouvelles croyances sont porteuses, se profile la question de la « mort de l'homme ». Non seulement celui-ci ne serait plus une figure centrale, la finalité même des sociétés humaines, mais sa disparition serait nécessaire pour qu'advienne une étape supérieure de l'évolution. Nous sommes là en plein dans le fantasme porté par certaines communautés scientifiques, qui voient dans l'homme un être transformable, dépassable, un simple moment dans l'histoire du monde.

Le culte de l'Internet serait-il traversé par une pulsion de mort ? Les nouvelles technologies de l'information seraient-elles, en association avec la robotique, les nanotechnologies et le génie génétique, comparables, en pire, au potentiel mortifère de la physique atomique ? En poussant les recherches dans la direction d'un « transfert de la conscience » de l'homme vers des robots plus intelligents, ou des réseaux « dotés de vie », ne prend-on pas le risque de faire disparaître l'espèce humaine en tant que telle, comme inadaptée au regard de l'évolution ?

C'est la thèse que soutient, dans un texte profondément émouvant, l'un des « papes » de l'informatique, l'inventeur du logiciel Java, très connu des spécialistes, l'Américain Bill Joy, qui a présidé par ailleurs la commission américaine sur l'avenir de la recherche dans le domaine des technologies de l'information. Ce texte, publié dans la revue *Wired* en avril 2000, a suscité de nombreuses réactions dans le monde. Il est le fruit de la prise de conscience d'un chercheur jusque-là admiratif devant le progrès technique et y contribuant avec ardeur, en éprouvant de ce fait, comme il le dit lui-même, un « sentiment de paix ».

Sa conclusion est sans appel : « Sans relâche, j'ai toujours travaillé à améliorer la fiabilité de mes logiciels. [...] Ma conviction a toujours été que, compte tenu de leurs utilisations multiples, produire des logiciels plus fiables contribuerait à bâtir un monde meilleur et plus sûr. Si j'en arrivais à la conviction inverse, alors je me verrais dans l'obligation morale de donner un coup d'arrêt à mon activité. Aujourd'hui, je n'exclus plus une telle perspective. Tout cela ne me laisse pas en colère, juste un peu mélancolique. Dorénavant, le progrès aura pour moi un je ne sais quoi d'aigre-doux [27]. »

---

27. La traduction de l'article de Bill Joy est disponible sur le site *Interactif.lemonde.fr*, dans le dossier « La technologie va-t-elle manger l'homme ? » (*Le Monde interactif*, 5 juillet 2000).

La crainte majeure de Bill Joy, qui semble avoir vu soudain la mort rôder dans des lieux où ne régnaient jusque-là que la paix et l'optimisme sur l'avenir des nouvelles technologies, concerne précisément « nos chances de rester nous-mêmes et, même, de rester des êtres humains » dans un tel monde, du fait des progrès dans les techniques « autoreproductrices ». L'informaticien semble prêt pour cela à renoncer à ce qui est pourtant, comme nous l'avons vu, une des valeurs fondamentales de ce milieu : « Depuis longtemps, nous avons reconnu comme une valeur fondamentale de notre société le libre accès à l'information, et convenu que les problèmes surgissent dès lors qu'on tente d'en limiter l'accès et d'en brider le développement. [...] Mais si, dorénavant, malgré des précédents historiques avérés, le libre accès et le développement illimité du savoir font clairement peser sur nous tous une menace d'extinction, alors le bon sens exige que ces convictions, fussent-elles fondamentales et fermement ancrées, soient examinées de nouveau [28]. »

Le nouveau culte de l'information est-il immoral ? C'est bien, au fond, la question que posent, de l'intérieur même du domaine, ceux qui en ont été les plus grands architectes et qui s'en sont repentis, de Norbert Wiener à Bill Joy en passant par Joseph Weizenbaum. Si l'on prend le parti de l'homme, il faut en effet craindre que la réponse à cette question ne soit entièrement positive. Le débat ne devrait donc pas laisser indifférents tous ceux qui, bien au-delà d'Internet, sont attachés aux valeurs humanistes.

---

28. *Ibid.*

Table des matières

Introduction 5

1. Pour ou contre Internet : une fausse alternative 13
    Les partisans du tout-Internet 14
    Les technophobes 16
    Les partisans d'un usage raisonné 18

2. La promesse d'un monde meilleur 22
    La promesse d'une nouvelle vie 23
    Les fondements de la société de l'information 27

3. L'incarnation d'une vision 33
    Un discours ancien 35
    La mise en place des premiers réseaux 40
    L'influence de la cybernétique 42
    La micro-informatique et les débuts de l'Internet 45

4. Un univers de croyances 48
    Un idéal de transparence 48
    *L'idéal d'ouverture, ou le refus de la distinction
    entre vie privée et vie publique* 54
    La libre circulation et le refus de la Loi 57
    *Une communication directe, ou le refus
    de la médiation* 63
    *L'apologie de l'esprit, ou le refus de la parole
    incarnée* 67

5. Les appuis de la nouvelle religiosité 75
    Des thématiques religieuses proches 76
    *La continuité avec la contre-culture
    des années soixante* 80
    La jonction avec le libéralisme 83
    Une utopie technicienne ? 89

Le culte de l'Internet

6. Le tabou de la rencontre directe 91
    La question de la violence 91
    Une description de la « société mondiale
    de l'information » 98
    La société solaire d'Asimov 101

7. Une menace pour le lien social ? 106
    Deux modèles de développement d'Internet 107
    Une information aux limites de la propagande 108
    Quelques effets pervers du nouveau culte 114
    Le fantasme de la mort de l'homme 119

Composition DV Arts Graphiques. Achevé d'imprimer sur Cameron
à Saint-Amand-Montrond (Cher) en décembre 2000.
Dépôt légal : du premier tirage : 4ᵉ trimestre 2000.
N° d'impression : 005568/1. *Imprimé en France*

BUSSIERE CAMEDAN IMPRIMERIES

GROUPE CPI